Boulevard des philosophes
De l'Antiquité à la Renaissance

Du même auteur

La Souffrance : recherche du sens perdu, Gallimard, 1997.
Cassirer, la politique juste, Michalon, 1998.
Le Dico de la philosophie, Milan, 1998.
Pour une école du savoir, Milan, 2000.
La Mort interdite, Jean-Claude Lattès, 2000.
La Foi ou la Nostalgie de l'admirable, Le Relié, 2002.
Petite philosophie du bonheur, Milan, 2002.
Petite philosophie grave et légère, Milan, 2003.

Dans la collection *Les Essentiels Milan*

Platon, n° 3.
La Philosophie, n° 46.
Les Philosophes anciens, n° 75.
Les Philosophes modernes, n° 76.
Les Philosophes contemporains, n° 98.
Hegel ou la Défense de la philosophie, n° 100.
Les Philosophes du Moyen Âge et de la Renaissance, n° 104.
Les Grandes Interrogations philosophiques, n° 118.
Les Grandes Interrogations morales, n° 143.
Les Grandes Interrogations politiques, n° 145.
Les Grandes Interrogations esthétiques, n° 150.
Petit précis de philosophie grave et légère, n° 157.
Les Grandes Interrogations de la connaissance, n° 161.
Nietzsche ou la Passion de la vie, n° 181.
Kant ou l'Invention de la liberté, n° 186.
Heidegger ou l'Exigence de la pensée, n° 188.

ISBN : 2-7459-1774-9

Bertrand Vergely

Boulevard des philosophes

De l'Antiquité à la Renaissance

MILAN

Introduction

De Platon à La Boétie…

Au cours du VIe siècle av. J.-C., un événement extraordinaire eut lieu : la naissance de la philosophie. Philosophie veut dire « amour de la sagesse ». On est sage quand on sait. On sait quand on se met à vivre avec la pensée.

La pensée est l'expression de l'esprit. L'esprit est l'autre face de la vie. Si celle-ci a une présence concrète, matérielle, elle a aussi une présence pensante.

On a du mal à cerner la pensée. On confond en général conscience, raison et pensée. Ce qui n'a rien à voir. Alors que la conscience est la faculté de relier à soi, d'une façon personnelle, la raison est la faculté de mettre de l'ordre dans les choses. Quant à la pensée, elle est le sens de la profondeur.

Conscience, raison, pensée ne se divisent pas. Il faut être personnel, réel, profond pour vivre pleinement. On accède ainsi à la vie véritable. Celle-ci fait vivre activement la vie par une présence à la vie, au lieu de se contenter d'une existence passive. C'est ce que signifie l'esprit. Une présence personnelle, réelle, profonde à la vie. Une présence active.

Mettons-nous à vivre avec esprit, tout devient vivant et notamment la nature, la société. La nature se met alors à signifier toutes sortes de choses. La société aussi.

La nature a des choses à nous dire. La société aussi. Le réel, d'une manière générale, est plein de leçons. La connaissance s'efforce d'écouter la nature et la démocratie d'écouter la société. Aussi est-il juste de dire que nous devons la science et la démocratie à la pensée.

Il y a toujours eu de la pensée dans l'humanité. Les fresques des grottes de Lascaux, qui remontent à plusieurs dizaines de milliers d'années, le montrent. Il y en avait avant que naisse la philosophie. Les mythes sont pleins de pensée. Sous forme de symboles, ils extrapolent la réalité afin de révéler la profondeur de celle-ci. On découvre une telle profondeur en allant dans sa propre profondeur. Les mythes en ce sens appellent une interprétation. Ils invitent à la connaissance de soi. La philosophie n'a fait à son début que respecter la leçon des mythes. Elle continue à le faire. Le monde, la vie sont pleins de symboles à déchiffrer. L'interprétation fait vivre le monde. Interpréter, en ce sens, est une action. Une révolution même. La réalité est pleine d'esprit. Il s'agit là de la leçon la plus importante que la philosophie puisse donner. « Platon, dit Hegel, est venu révéler au monde que le réel est spirituel. » Au VIe siècle av. J.-C., Héraclite, Thalès, Pythagore et bien d'autres en ont conscience. Ils ont dit autrement, avec plus de conscience, plus de raison, avec plus de systématicité, ce que les hommes savaient déjà. La réalité est dans la lumière. Pour la lumière.

Avec le Moyen Âge, les choses changent. Aux dires de grands humanistes comme François Rabelais, la période qui voit s'épanouir le Moyen Âge serait une période pauvre, marquée par les rivalités des seigneurs, l'obscurantisme religieux, la misère et les épidémies. Il convient de faire un sort à cette image du Moyen Âge.

Sans le Moyen Âge, nous ne pourrions pas être ce que nous sommes. Sait-on par exemple que si les moines n'avaient pas conservé les manuscrits véhiculant la culture antique, nous n'aurions jamais pu avoir accès à la pensée de Platon ainsi qu'à celle d'Aristote ? Que ce sont ces mêmes moines qui ont fixé la grammaire et le droit, organisé les hôpitaux, l'instruction ainsi que l'université ? Que la première Europe fut celle des monastères et des routes de pèlerinage menant à Saint-Jacques-de-Compostelle ? Regardons une église romane dans n'importe quel village de France, n'y a-t-il pas là le témoignage d'un don que le Moyen Âge nous fait encore, en offrant à nos regards un chant sculpté dans la pierre qui défie l'usure du temps ? N'est-ce pas un tel don qui fait notre richesse parce qu'il fait nos racines ?

Le Moyen Âge n'est pas cette « infélicité des Goths » dénoncée par Rabelais, mais un temps de génie, où, à travers la rencontre tumultueuse et tout à la fois inspirée du christianisme, du judaïsme et de l'islam, les hommes d'Occident vont faire la conquête de leur propre esprit et offrir à l'homme les instruments de son avenir. Ils auront, désormais, les moyens de réfléchir à Dieu, au monde et à l'infini.

À la suite du Moyen Âge, la Renaissance n'est pas un temps de confusion mais de passion. En s'inspirant des œuvres antiques et en les remettant au goût du jour, les hommes de la Renaissance font naître l'humanisme, dont la portée culturelle et philosophique est indéniable.

Relire, même à grands traits, ce que ces extraordinaires aventures de l'esprit ont fait jaillir, c'est nous donner les moyens de comprendre comment est née l'Europe de l'esprit, qui, aujourd'hui, se traduit dans l'esprit de l'Europe.

Faire de la philosophie. Parce que celle-ci nous aide à accéder à la réalité et non à nous en évader. La pratiquer, qui plus est, avec les Anciens venus de Grèce comme avec les médiévaux issus de France, d'Allemagne et d'Italie. Pour se laisser non seulement guider mais enrichir. S'il importe de ne pas se perdre dans les dédales de la pensée, il importe encore plus de ne pas manquer le « Boulevard des philosophes » conduisant au perfectionnement de soi comme de la vie. Tant il est vrai que se perdre en philosophie consiste à passer à côté d'une occasion d'apprendre et de vivre mieux.

I
LES PHILOSOPHES ANCIENS

La naissance de la philosophie

Les présocratiques et les hommes éveillés

« Jadis, les hommes avaient des yeux pour ne point voir, ils étaient sourds à la voix des choses, et, pareils aux formes des songes, ils agitaient au hasard la longueur de leur existence dans le désordre du monde… Ils faisaient tout sans rien connaître. Jusqu'au moment où j'inventai pour eux la science du lever et du coucher des astres, celle des nombres, reine de toute connaissance, et celle des lettres, mémoire de l'univers, mère des arts. »

Eschyle.

Au VIe siècle av. J.-C., un événement qui va changer le cours du monde se produit : des hommes entreprennent de se diriger dans la vie en se fondant uniquement sur leur raison. Selon Karl Jaspers, cet événement a lieu presque simultanément partout dans le monde.

En Chine, Lao Tseu développe une sagesse qui fait appel à la prise de conscience personnelle. En Inde, Bouddha enseigne qu'il faut pratiquer une transformation de soi-même et non vivre de façon extérieure. En Israël, le prophète Isaïe rappelle que l'homme religieux doit avant tout être un homme moral luttant pour la justice.

Partout des sages invitent les hommes à une prise de conscience, car ils se rendent compte d'un fait : on peut vivre sans être présent à ce que l'on fait, sans vivre de ce fait pleinement. Si l'on veut vivre pleinement, il faut donc se réveiller en opérant un retour sur soi-même. Comment ? En s'appuyant sur sa conscience.

L'homme possède le privilège d'avoir un esprit qui lui permet de diriger ses actes. Aujourd'hui, les savants abordent l'esprit en parlant d'une « faculté de programmation ». Une telle faculté peut être tournée vers l'extérieur afin de maîtriser le monde. Elle peut aussi être tournée vers soi. Quand c'est le cas, un événement extraordinaire surgit. Au lieu de penser machinalement, l'homme se met à penser consciemment, c'est-à-dire à être pleinement présent à tout ce qu'il fait. Dans cet état d'éveil et de vigilance, il commence à voir le monde et à faire des découvertes. Il apprend aussi à vivre autrement. Comme il a trouvé en lui un trésor qui le rend libre, il n'a pas besoin d'aller chercher un trésor en dehors de lui-même dans la possession d'objets matériels.

En ce sens, la conscience peut changer l'homme en lui faisant découvrir les trésors qu'il y a au fond de lui. On comprend dans ces conditions que l'idéal d'une vie consciente puisse attirer les hommes. C'est ce qui se produit au VIe siècle av. J.-C. en Grèce. Des hommes comme Thalès de Milet, Pythagore, Parménide ou Héraclite d'Éphèse réalisent qu'en pratiquant un retour sur soi, il est possible de faire jaillir un nouveau rapport au monde. Martin Heidegger a rappelé que *logos*, qui veut dire « raison », signifie originellement « rassemblement », « recueillement ». Les Anciens connaissaient ce sens-là de la raison. Pour eux, vivre dans la raison voulait dire vivre dans l'harmonie créée par le rassemblement sur soi provoqué par une prise de conscience de sa vie.

C'est ainsi que naît la philosophie. Peu à peu, cette vie selon la raison s'organise et prend le nom de philosophie (*philo-sophia*) qui veut dire « amour de la sagesse ». Si les Anciens disent que vivre selon la raison c'est aimer la sagesse, c'est que celui qui a découvert les bienfaits dispensés par le rassemblement sur soi ne peut qu'aimer la sagesse et tout faire afin de l'augmenter chaque jour de sa vie.

Aujourd'hui, près de vingt-cinq siècles nous séparent des Anciens; pourtant leur message demeure, car, tout comme hier, l'homme moderne réalise qu'il faut faire retour à soi si l'on veut pouvoir construire une vie digne de ce nom.

Ainsi que l'a dit Héraclite, l'homme qui n'est pas éveillé vit replié dans son monde. L'homme éveillé vit au contraire ouvert au monde commun des hommes. Cette ouverture, il la doit au *logos.*

Socrate reprendra cette image de l'éveil. Elle est précieuse afin de comprendre la philosophie. Penser est un réveil. On était là sans y être, presque somnolent. Un jour. Parce qu'il y a Héraclite. Socrate, un homme éveillé. Un réveil extérieur. On sort de son sommeil. On devient attentif. D'où vient le premier éveil de l'humanité ? De la lumière de la vie. Au commencement, la vie est alerte, lumineuse, éveillée. Cet éveil est toujours là. Dans tout ce qui vit. Le philosophe, l'homme éveillé, ranime la flamme.

Périclès et la naissance de la philosophie

« C'est à la valeur de ses armées que Rome a dû ses conquêtes. Mais, c'est à la sagesse de sa conduite et au caractère que lui imprima son premier législateur qu'elle dut de les conserver. »

Machiavel, *Discours sur la première décade de Tite-Live.*

Il existe deux extrêmes quand on étudie l'aventure de l'esprit humain : tout ramener aux conditions matérielles extérieures et ignorer ces dernières. Si curieux que cela puisse paraître, la pensée est née de la pensée elle-même, comme l'art naît d'une inspiration. Elle n'aurait cependant pas existé sans un génie politique comme Périclès afin de l'accueillir. La pensée, pour devenir réelle, requiert un sens réel et donc des conditions matérielles de la vie. La pensée antique n'est pas née de rien. Elle s'est étendue sur près de dix siècles, du VIe siècle av. J.-C. au Ve siècle apr. J.-C. Son cadre géographique a été celui de la Méditerranée. Née sur les rivages d'Asie Mineure (l'Ionie) avec des penseurs comme Thalès de Milet ou Héraclite d'Éphèse, elle s'est déplacée vers la Sicile en faisant naître l'école dite « d'Élée » illustrée par Parménide, avant de se fixer à Athènes autour de personnalités comme Protagoras, célèbre pour son habileté à discourir.

La philosophie n'est donc pas née à Athènes, elle y est arrivée. Le cadre géographique a joué un rôle important dans le développement de la pensée. La Méditerranée est belle. C'est face à cette beauté que les Anciens ont le sentiment de l'harmonie des choses et l'idée que le monde est un *cosmos*, c'est-à-dire un ordre. C'est à partir de cette intuition de l'harmonie qu'ils entreprennent d'explorer l'ordre de la nature (école d'Ionie), celui plus abstrait des idées et des nombres (école d'Élée) ou bien encore celui pouvant régner dans la Cité des hommes (école d'Athènes).

Le cadre historique de la pensée antique s'est développé autour de trois grands axes : Athènes, Rome, le christianisme.

Le trait majeur qui caractérise Athènes réside dans l'invention de la démocratie. Au VIe siècle av. J.-C., après une longue histoire qui a vu apparaître puis décliner la civilisation de Mycènes, Solon, l'un des sept sages fondateurs d'Athènes avec Thalès, entreprend une réforme politique profonde. Il enseigne aux hommes à se diriger selon des lois discutées et décidées en commun. Cette réforme débouche sur la Constitution démocratique élaborée par Clisthène en 507 av. J.-C. En rendant les hommes responsables, l'apparition de la démocratie débouche sur l'extraordinaire essor d'Athènes, qui rayonne par sa civilisation et sa vie culturelle. De 443 à 428 av. J.-C., celle-ci connaît un âge d'or avec Périclès, qui fait construire le Parthénon et réunit autour de lui artistes, poètes et penseurs.

Le trait majeur qui caractérise Rome réside dans le droit et la morale. Fondée au VIIIe siècle av. J.-C., celle-ci atteint son apogée lorsque Octave prend le nom d'Auguste et inaugure le Haut-Empire. Celui-ci voit se succéder quatre dynasties d'empereurs : les Julio-Claudiens, les Flaviens, les Antonins et les Sévères. Durant cette période, Rome domine le monde et élabore un système juridique très perfectionné. Un empereur comme Marc Aurèle s'inspire de la sagesse des stoïciens qui enseigne à accepter le destin voulu par les dieux en relativisant le cours des choses.

Le trait majeur enfin qui caractérise le christianisme réside dans la révélation. Les Anciens pensaient que la nature était divine. Ils n'imaginaient pas un créateur de la nature comme Dieu. Avec la venue du Christ, les choses changent. Athènes rencontre Jérusalem. Le paganisme, qui est la croyance en plusieurs dieux, est confronté au monothéisme, qui est la croyance en un dieu unique. D'abord persécutés par l'empereur Dioclétien, les chrétiens sont reconnus par Constantin qui se convertit au christianisme en 312. C'est déjà la fin d'un monde. Les barbares cernent l'Empire. On ne contemple plus le *cosmos* comme Thalès. Il y a des urgences morales. Il faut sauver la civilisation. *La Cité de Dieu* de saint Augustin va répondre à cette attente morale en incitant les hommes à ne pas perdre espoir et à œuvrer pour la Cité céleste à venir.

Diogène Laërce et les ouvriers de la mémoire

« Textes et documents n'offrent pas un accès direct au sens. Celui-ci ne se lit pas en transparence comme on voit un caillou dans un ruisseau. Pour maintenir vivante la mémoire de l'humanité, il a fallu régénérer l'esprit de la lettre et réveiller le sens d'entre les morts. L'herméneutique, science de l'interprétation, est devenue l'art et la technique de la lecture. »

Georges Gusdorf, *Les Origines de l'herméneutique.*

Quand on aborde les Anciens, il importe d'être prudent. Souvent, ceux-ci n'ont pas écrit. Les paroles qui leur sont attribuées sont des paroles rapportées. Comment savoir si elles n'ont pas été déformées ou réinterprétées ? En outre, près de deux mille ans nous séparent d'eux.

Durant cette période, le monde n'a cessé de connaître des bouleversements. Le christianisme, la Renaissance, la Révolution française et l'histoire contemporaine récente ont marqué le temps de leur empreinte. Au cours de cette histoire, chaque courant idéologique dominant a eu tendance à imposer sa vision des Anciens en leur faisant dire ce qu'ils n'avaient pas dit ou ce que l'on voulait qu'ils disent. Ainsi, le christianisme a déformé la vision des matérialistes de l'Antiquité comme celle des sophistes. Le rationalisme, de son côté, a peu prêté attention aux penseurs présocratiques, chez qui il a dénoncé une raison encore balbutiante, très marquée, selon lui, par une mentalité préscientifique.

Il a fallu le travail de penseurs comme Hegel, Nietzsche et Heidegger, de philologues au début du siècle comme Hermann Diels et Walter Kranz ou encore d'historiens de la pensée comme Werner Jaeger, pour retrouver l'inspiration des Anciens. Aujourd'hui, nous disposons pour les comprendre de textes d'auteurs dont nous sommes sûrs qu'ils sont d'eux. C'est le cas par exemple pour Platon, Aristote ou Plotin. Nous possédons également des citations de certains penseurs faites par d'autres penseurs. Par recoupements, il est possible d'établir ce qu'a pu être la pensée originale de ces auteurs. C'est le cas notamment pour Parménide et Héraclite d'Éphèse dont les pensées nous sont parvenues grâce aux citations qu'ont pu en faire Platon ou Aristote. Enfin, nous disposons d'histoires de la pensée antique faites par les penseurs anciens eux-mêmes. Le célèbre ouvrage de Diogène Laërce *Vies, Doctrines et Sentences des philosophes illustres*, ainsi que les *Hypotyposes pyrrhoniennes* de Sextus Empiricus sont des outils incomparables que les Anciens nous ont légués pour pouvoir accéder à leur pensée.

Il existe aujourd'hui une approche très rigoureuse et scientifique des textes anciens, faite par des spécialistes de l'histoire des manuscrits et de la langue. Cela permet d'éviter bien des erreurs et de produire des traductions de plus en plus fiables. La vigilance s'impose cependant. Nous sommes constamment à la merci du danger consistant à prendre notre vision des Anciens pour celle qui fut la leur. Est-ce à dire que nous ne pourrons jamais combler l'écart qui nous sépare d'eux ? Nullement. La distance qui nous sépare de leur époque est aussi ce qui nous permet de les comprendre mieux parfois qu'ils ne se sont compris eux-mêmes. C'est là le paradoxe. Pourquoi ? Parce que l'on se rend compte souvent après coup des effets d'une pensée.

Par ses outils critiques donc, ainsi que par sa distance avec l'Antiquité, on peut dire que le monde moderne occupe une position idéale pour connaître les Anciens. Peut-être est-ce d'ailleurs aujourd'hui que leur pensée va se mettre véritablement à s'épanouir ?

Aux origines de la pensée

Hermès, les mythes et l'interprétation

« Moi, le temple, je suis le législateur d'Éphèse.
Le peuple en me voyant comprend l'ordre et s'apaise.
Mes degrés sont les mots d'un code. Mon fronton pense
comme Thalès, parle comme Platon. Mon austère
équilibre enseigne la justice. Je suis la vérité bâtie
en marbre blanc. »

Victor Hugo, *La Légende des siècles.*

La philosophie n'est pas née de rien. Avant elle, existait le monde du mythe. Elle en est issue. Qu'est-ce qu'un mythe ? Un mythe, nous dit Mircea Eliade, le grand historien des religions, est un récit qui nous raconte comment les choses se sont passées à l'origine. Avec des mots humains, le mythe nous décrit ce qui s'est passé avant que l'homme soit là.

Le mythe est tourné vers ce qui dépasse l'homme. C'est la raison pour laquelle il s'exprime par des images et des symboles. Car seuls ces derniers permettent d'avoir accès à ce monde, en nous donnant des comparaisons que nous puissions comprendre.

Les Grecs ont cru en une force divine organisant le monde. Ils ont décrit les manifestations de cette force à travers la mythologie en racontant l'histoire des dieux. Si l'on ne perd pas de vue qu'un dieu est une manifestation de la force divine organisant toute chose, dire qu'il y a des dieux voulait dire pour les Anciens que cette force est présente partout, dans la terre, dans la mer, dans le feu ainsi que dans toutes les activités humaines. À des visiteurs qui venaient le voir et qui s'étonnaient de le trouver dans sa cuisine en train de préparer à manger, alors qu'ils s'attendaient à le voir en train de méditer, Héraclite aurait répondu : « Les dieux aussi sont dans la cuisine », raconte Aristote. Ce trait illustre bien l'état d'esprit des Anciens. Pour eux, tout était sacré. Le divin faisait partie de la vie quotidienne. Il était présent dans chaque geste.

Si étonnant que cela puisse paraître, c'est cette présence du mythe qui explique la naissance de la raison. Certes, quand il est question du mythe, nous pensons souvent au terme

« mythomane ». Être mythomane veut dire mentir, fabuler, raconter des histoires, et il est vrai que la raison est née du désir de ne pas raconter n'importe quoi, en opposant la logique ainsi que la réalité vérifiable expérimentalement à l'affabulation. Il n'en demeure pas moins cependant que le mythe ne se réduit pas à un mensonge. En disant que le divin est partout, le mythe dit que tout a du sens. Il invite donc l'esprit à faire attention à tout.

C'est curieusement de cette attention donnée à tout que la raison est née. Celle-ci n'a pas tué le mythe comme on le croit souvent. Elle en est née. Hegel a bien résumé cette naissance en disant que la raison est née le jour où l'esprit humain a donné du sens au fait de donner du sens, en essayant de comprendre cette activité au lieu de simplement la vivre inconsciemment. Tout homme en effet vit spontanément toutes sortes de sens par ce qu'il voit, ce qu'il rêve, ce qu'il imagine ou ce qu'il extrapole. Mais tout homme ne perçoit pas forcément ce qu'il fait quand il voit, quand il rêve ou quand il imagine. La raison lui est alors utile pour se rendre compte de ce qu'il voit ou de ce qu'il extrapole. Grâce à elle, il acquiert le sens du sens. Au lieu d'être traversé passivement par des images et des rêves, il se met à produire activement des significations.

Sous la forme d'un homme qui sait ce qu'il fait, il devient dès lors celui qui sait et qui apprend aux autres à savoir.

Il existe une belle figure mythologique qui résume cela : celle d'Hermès, le messager des dieux aux pieds ailés.

La matière est reliée à l'esprit. L'esprit à la matière. Le visible et l'invisible sont reliés. Grâce à ce lien, tout est sensé et réel à la fois. Quand le réel n'a pas de sens, il n'est pas vraiment réel. Et quand le sens n'est pas réel, il n'est pas vraiment sensé.

Penser consiste à traduire le réel dans le sens et le sens dans le réel. Ainsi les penseurs sont-ils les enfants d'Hermès, les disciples du messager des dieux. Si le mythe en tant que symbole permet de dépasser la trivialité d'un monde sans pensée, le *logos* en tant que déchiffrement évite que le sens ne soit qu'imaginaire.

Œdipe et le sens de la pensée tragique

« Dans les tragédies de Sophocle concernant Œdipe se dégage un schéma de transgression et de salut. On le retrouve dans un nombre infini de récits mythologiques et folkloriques, de contes de fées, de légendes et même d'œuvres littéraires. Fauteur de violence et de désordre tant qu'il séjourne parmi les hommes, le héros apparaît comme une espèce de rédempteur dès qu'il est éliminé. »

René Girard, *La Violence et le Sacré.*

Le mythe dont est issue la philosophie n'a jamais été un récit isolé et abstrait se contentant de raconter les origines de toutes choses. Il a toujours été activement vécu sous la forme de cérémonies religieuses procédant à des sacrifices ou bien encore sous celle de spectacles théâtraux. Au cours de telles représentations, tout était fait pour que le public puisse ressentir la présence vivante des dieux. Tout était organisé afin de montrer comment les dieux dirigent tout et ce qui peut arriver à tous ceux qui oublient cette règle. Cette présence implacable du divin a donné naissance à ce que l'on appelle la tragédie.

Lorsque le public de l'Antiquité assistait à un spectacle où il voyait des hommes lutter contre les dieux puis finalement se résoudre à accepter leur sort, il éprouvait d'intenses émotions, dont il ressortait lavé et purifié (en grec, *catharsis*). La tragédie était l'occasion d'apprendre, à travers un retour à l'ordre des choses, que l'homme ne doit pas faire sa loi. Car ce sont les dieux qui la font.

Aujourd'hui, cet aspect implacable des dieux nous effraie et nous trouvons tragique que l'homme ne doive qu'obéir en n'ayant pas son mot à dire. Pour les Anciens, ce n'était pas le cas. Ce qui était tragique, c'était le fait que l'homme puisse vouloir faire sa loi et se prendre pour un dieu. Lorsqu'une telle chose arrive, disaient-ils, l'homme devient comme fou et, ivre de lui-même, il vit dans la démesure (*ubris*). Dans un tel état, il a tendance à se comporter comme un tyran, avant de sombrer dans le délire. Alors, il connaît le destin d'Icare, ce héros qui a chuté dans la mer, après avoir voulu voler près du Soleil avec des ailes de cire.

La philosophie est issue de la tragédie, au même titre qu'elle est issue du mythe. La volonté d'être responsable et mesuré dans ses actes n'est pas autre chose que l'exigence même que l'on trouve dans la tragédie, formulée sur un mode non religieux. Hegel a vu, dans la tragédie de Sophocle *Œdipe roi*, l'illustration de cette idée.

Ainsi que l'a montré Freud, tout homme durant son enfance est amené à éprouver des pulsions incestueuses ainsi que des pulsions de haine pour ses parents. Lorsqu'il refoule cette situation pour se la masquer, c'est qu'il en est la victime. Lorsqu'il l'assume, c'est qu'il en est délivré.

Dans la pièce de Sophocle, c'est ce qui arrive à Œdipe. Dans un premier temps, celui-ci refoule son destin. Il ne veut pas reconnaître les pulsions qu'il a en lui. Sans aucun doute, parce que celles-ci l'attirent. Résultat, il en devient la victime. Quand il les accepte à la fin de la pièce, il se sent délivré. C'est pour cela qu'il s'écrie : « Voyant j'étais aveugle, maintenant que je suis devenu aveugle pour expier mes crimes, je vois. »

On s'affranchit du destin en le prenant en main et non en niant tout destin. Telle est la leçon d'Œdipe. Tout le génie de la pensée antique a consisté à le comprendre et à le faire comprendre en devenant ce qui, par la pensée, invite les hommes à la responsabilité, au lieu de les laisser dans une irresponsabilité toujours tragique à l'égard de soi. D'où le paradoxe de la tragédie. Si celle-ci désigne une violence implacable s'abattant sur les hommes, elle désigne également un retournement. Qui prend conscience du tragique n'est déjà plus dans le tragique mais dans la conscience.

La violence vient souvent de ce que l'on a voulu faire ce que l'on veut. On découvre alors dans la violence qu'on ne fait pas ce que l'on veut. La conscience tragique ne se contente pas de réagir à la violence. Elle permet de remonter aux sources de celle-ci. Il existe une violence inconsciente dans l'humanité, née du désir fou, tyrannique de se prendre pour un dieu. Les dieux alors se vengent.

C'est ce qui arrive à Œdipe. Il n'a pas voulu reconnaître sa violence inconsciente. La vie se venge jusqu'à ce qu'il comprenne.

Profondeur d'Œdipe. N'est-il pas ce que nous sommes ? Qui n'a pas éprouvé au fond de lui-même la lutte qui met aux prises le désir humain de vivre en se permettant tout et la loi de la vie ?

La question du destin du monde se trouve dans le cœur de chacun. Les Anciens l'ont compris et fait comprendre. À travers la tragédie. Avec Œdipe.

Apollon et la vérité de soi-même

« Je me suis cherché moi-même. »

Héraclite.

Le fait de réaliser que la vie est pleine de sens et de se mettre à vivre de façon mesurée et responsable a jailli du mythe et de la tragédie. Cette révolution s'est faite progressivement, et non de façon brutale. Les mythes et les tragédies ont en effet toujours enseigné aux hommes qu'ils s'adressaient à l'homme afin qu'il devienne un être conscient et responsable. Ainsi, sur le temple d'Apollon à Delphes, on pouvait lire cette sentence : *Gnoti seauton*. « Connais-toi toi-même ! »

Avant toutefois que les hommes en prennent conscience, il a fallu du temps. Les enfants ont besoin qu'on leur raconte des histoires contenant des images à leur portée, afin d'avoir accès au sens. Pendant longtemps, rappelle Auguste Comte, le fondateur du positivisme, l'humanité s'est comportée comme les enfants. Elle a eu besoin qu'on lui raconte des mythes pour avoir accès au sens.

À la longue cependant, ceux-ci ne suffisent plus. Les hommes ont envie de grandir. Ils ont besoin de quelque chose de plus intérieur et de plus profond. Ils ne veulent pas demeurer davantage des enfants, car vivre ainsi reviendrait à régresser et à jouer à être ce que l'on n'est pas.

C'est ce qui s'est passé en Grèce. Les Anciens représentent ce moment de la culture où l'humanité est passée à l'âge adulte, en se débarrassant des images et des symboles, ainsi que des mythes et des tragédies, afin d'accéder à la conscience et à la responsabilité sous la forme de la philosophie. Œdipe en est l'image exemplaire. Homme en devenir, il incarne la conscience mythique qui prend conscience de l'homme. C'est pour cela qu'il est capable de répondre à la fameuse question symbolique du Sphinx, « Qui marche à quatre pattes le matin, à deux pattes à midi et à trois pattes le soir ? » par : « L'homme ».

En découvrant la conscience et la responsabilité, l'Antiquité a fait faire un pas décisif à l'humanité. Car être conscient, se connaître soi-même, ce n'est pas se replier sur soi afin de se regarder et s'analyser, comme on le croit souvent, mais s'ouvrir sur soi et, à partir de cette ouverture, s'ouvrir sur le monde.

Si étrange que cela puisse paraître, le plus court chemin pour aller vers les autres ainsi que vers l'existence passe par soi, car qui est fermé à lui-même est fermé à tout. Les Anciens l'ont compris et, depuis, cette vérité demeure. Quand il s'agira pour Descartes de repenser les fondements du savoir afin de se délivrer de la scolastique, il ne s'y prendra pas autrement. Il rappellera que le premier pas vers la sagesse et la vie passe par la conscience de soi. Une prudence s'impose néanmoins. Nietzsche a déploré de voir ce que la conscience est devenue. Dans le monde moderne, celle-ci est souvent l'occasion d'exalter le moi. Pour les Anciens, se connaître, c'était avant tout sortir de la complaisance envers soi, afin de vivre une réelle expérience d'ouverture.

Aujourd'hui encore, à travers la phénoménologie qui étudie l'homme en faisant retour à sa vie, l'idéal de la connaissance de soi reste vivant. Pour Husserl, son fondateur, l'essence du vécu se dévoile en effet lorsqu'on part de la présence de l'homme à lui-même et au monde. Ce qui se produit dans la connaissance de soi.

Diotime, prêtresse de la vie belle et bonne

« Qui est sage ? Celui qui sait beaucoup de choses parce qu'il a une culture encyclopédique ? Ou celui qui sait bien se conduire dans la vie et qui vit dans le bonheur ? Les penseurs de l'Antiquité n'ont pas séparé les deux choses, parce que selon eux la sagesse (*sophia*) a résidé avant tout dans une manière de vivre. Ils ont philosophé en pensant que le vrai savoir est un savoir-faire et le vrai savoir-faire un savoir faire le bien. »

Pierre Hadot, *Qu'est-ce que la philosophie antique ?*

Quand l'homme se connaît lui-même, il s'ouvre sur lui-même, et quand il s'ouvre sur lui-même, ce n'est pas seulement sur le monde qu'il peut s'ouvrir, mais sur la vie. Vivre devient une ouverture. Une liberté. Cela indique que la connaissance de soi n'est pas une connaissance théorique et abstraite mais un acte pratique, et inversement que la pratique n'est pas l'absence de toute pensée, mais la pensée même. Un mot le symbolise très bien, celui de *theoria*.

Pour l'homme moderne, la théorie signifie le discours abstrait qui produit une sorte de modèle idéal de la réalité. Pour les Anciens, la théorie signifiait la contemplation, sous la forme d'une perception active, de toutes choses. Pratiquer la *theoria*, c'était voir, exercer son regard.

La connaissance, chez les Anciens, était une pratique et donc un art de vivre, parce que connaître ne consistait pas à accumuler des informations afin de satisfaire une pure curiosité esthétique, mais c'était une façon de devenir présent à la vie en sachant ce que l'on fait. Inversement, la pratique était une sagesse, car agir n'avait pas pour sens de dominer techniquement le monde afin d'en tirer profit, mais de donner naissance à un monde d'hommes ouverts, et non fermés.

Ainsi que l'a fait remarquer Pierre Hadot, l'un des grands spécialistes contemporains de la pensée antique, on ne comprend rien à la sagesse des Anciens si l'on n'a pas à l'esprit que ceux-ci ont vécu pour savoir parce qu'ils ont en fait voulu savoir pour vivre.

L'homme moderne s'est beaucoup éloigné des Anciens. Avec le triomphe de l'individualisme a jailli l'idée que seul l'homme et son moi ont du sens. La vie en tant que telle n'en a pas. D'où une perte moderne du sens de la nature ainsi qu'une certaine solitude de l'homme dans le monde.

Pour les Anciens, il en allait autrement. Le monde et la vie en tant que tels n'étaient pas dénués de sens. La vie étant pleine présence à elle-même sous la forme de la vie pensée et pensante, tout était censé servir cet accomplissement de la vie. D'où un profond sens de la nature et de la finalité de celle-ci. D'où également l'absence de solitude pour l'homme et le sentiment chez celui-ci que l'existence entière est habitée par une vocation au sens. Voltaire a ridiculisé cette idée de finalité dans son roman *Candide*, en dénonçant les excès consistant à voir de la providence en toutes choses. Jamais les Anciens n'ont cherché à justifier le pire par le meilleur. Mais jamais non plus ils n'ont abandonné l'idée que la vie veut le meilleur, quand bien même ils seraient en butte à des épreuves. C'est la raison pour laquelle, afin de vivre, ils posaient la question : « Quelle est la vie belle et bonne ? » Dans une vie en quête du meilleur, selon eux, c'est en étant soi-même meilleur que l'on accédait à la vie véritable. Quand on y parvenait, cette unité avec la vie devenait beauté (*kalos*) et bonté (*aghatos*) simultanément. Car l'unité avec le meilleur de la vie dispense toujours une harmonie qui est absence de violence, et une absence de violence qui est harmonie.

Cet idéal est bien présent chez Platon. Relisons *Le Banquet* et, principalement, la grande leçon sur le sens de l'amour donnée à Socrate par Diotime, la prêtresse de Mantinée. Nous voyons apparaître au sommet de l'ascension amoureuse le « suprême désirable », qui rend la vie belle et bonne, « *Kalos Kagathon* ». Il s'agit de la connaissance ininterrompue coulant comme une cascade. La vie belle et bonne est la vie pleine de sens, foisonnant d'inspirations créatrices ainsi que d'idées.

Les romantiques se sont demandé ce qu'est une vie réussie. Ils ont répondu à cette question en rapprochant la vie de l'œuvre d'art. Faire œuvre de sa vie afin que la vie devienne une œuvre ! Avant eux, les Anciens avaient déjà dit la même chose. La meilleure des vies est celle que l'on peut regarder comme une œuvre d'art, du fait de son souffle créateur.

La question de l'être

Parménide et le sens de l'être

« Deux voies seules s'ouvrent à la quête de la connaissance : l'une affirme que l'être est et qu'il est impossible qu'il ne soit pas. C'est le chemin de la certitude, la Vérité l'accompagne. L'autre affirme que l'être n'est pas et que seul le non-être est. C'est un chemin où il n'y a que mensonge. Car, l'esprit ne saurait concevoir le non-être qui ne peut s'accomplir ni s'exprimer dans des mots. Être et penser sont le même. »

Parménide, *Le Poème.*

La première question que les penseurs anciens se sont posée est celle de savoir ce qu'est la réalité. Cette question, les philosophes l'ont intitulée par la suite la question de l'être. C'est elle que l'on trouve au cœur de la métaphysique, cette discipline qui s'efforce de connaître le fondement ultime de ce qui est.

Cette question de la réalité, chacun est amené à se la poser un jour ou l'autre. Le savant faisant une découverte qui bouleverse les connaissances acquises se la pose. L'artiste qui entrevoit des formes nouvelles se la pose également. Nous tous, nous nous la posons quand nous faisons l'expérience de la diversité de la vie ou de ses illusions. Nous nous demandons : « Qu'est-ce qui est réel ? Sur quoi peut-on se fonder ? »

Au VIe siècle av. J.-C., c'est la question que s'est posée Parménide d'Élée. Ainsi que l'a fait remarquer le grand historien de l'origine de la pensée en Grèce Jean-Pierre Vernant, la question de l'être s'est posée parce que le mythe, à force de renvoyer le réel au divin et le divin au réel, posait un double sens de toutes choses pour le moins problématique. Qu'est-ce que le réel, où est le sens, si tout est ainsi à double sens ? Tout n'est-il pas contradictoire et ambigu ? Parménide a perçu les contradictions du mythe. Il a, face à cela, voulu sauver le sens. C'est pour cela qu'il s'est posé cette question : « Qu'est-ce qui est réel ? »

La réponse lui est venue au cours d'une vision qu'il nous relate dans son poème intitulé *De la nature*. Un jour, dit-il, de jeunes nymphes l'ont emporté sur un char ailé afin de le conduire à l'endroit où veille Diké, déesse de la Justice, entre le monde des vivants et celui des morts. Là, une divinité lui est apparue en lui faisant trois révélations. D'abord, l'être est. Ensuite, le non-être n'est pas et il ne faut pas confondre l'être et le néant. Enfin, l'être et la pensée sont une seule et même chose. Les révélations qu'a reçues Parménide signifient trois choses. D'abord, le néant n'a pas de sens, car s'il est quelque chose, il n'est donc pas rien, et s'il n'est rien, on ne peut rien en dire. Donc, il n'y a aucun sens à parler du néant. Seul l'être a du sens. Le réel est bien réel. La vie n'est pas un accident dont le destin est de s'engouffrer dans le vide. Par ailleurs, la contradiction n'a pas de sens non plus. Quand on parle, il faut être logique. Quand on se contredit tout le temps, le discours devient inintelligible. Enfin, il y a un lien entre le réel et la pensée. Dire que l'être est, cela veut dire que l'être est présent à lui-même. Il est plein de sens. Il n'est pas muet ou vide. Et à l'inverse, dire que la pensée est signifie qu'une véritable pensée qui est présence à soi est pleine de vie. Elle ouvre la présence au réel et donc le réel lui-même.

Bergson, qui voyait dans le mouvement le principe de la vie, a considéré que Parménide figeait toutes choses dans sa philosophie de l'être. Il a cru percevoir, là, le début du rationalisme, qui cherche à tout ordonner en supprimant toutes les contradictions et tous les mouvements de la vie. En fait, Parménide est bien autre chose. C'est un théologien, nous dit W. Jaeger, le grand historien allemand de l'éducation dans l'Antiquité, qui a eu, comme Spinoza, le sentiment aigu que l'être est premier. La réalité n'est pas simplement « matérielle ». Elle est également « spirituelle ». C'est ce que signifie l'être. Si le savant étudie la réalité matérielle et donc la nature, le philosophe étudie l'être. En posant la question de l'être, il se demande ce qu'il en est de la réalité en tant que réalité spirituelle.

On comprend que celle-ci ne varie guère. L'esprit ne varie pas. C'est à ce titre qu'il est esprit. La présence de l'esprit est quelque chose de sérieux qui ne varie pas. On s'en rend compte en faisant œuvre de présence. Le grand sérieux de la vie se dévoile à nous.

Pythagore et le nombre

« Que nul n'entre ici s'il n'est géomètre. »

Académie de Platon.

Parménide, en affirmant l'identité de l'être avec lui-même afin de rappeler que le néant n'a aucune réalité, a posé les bases de la logique. Celle-ci réside dans le principe d'identité qui veut qu'un élément A soit égal à lui-même et ne puisse être égal à non-A. Autrement dit, une chose ne peut pas être elle-même et son contraire.

Nous vivons quotidiennement ce principe. Qu'il s'agisse de nous ou de ceux qui nous entourent, tout le monde s'accorde à dire qu'un discours truffé de contradictions n'a ni queue ni tête. Et quand celui-ci apparaît, on demande à celui qui le produit d'être plus cohérent. Plus profondément. La question de l'être se pose constamment. Comment envisager la réalité ? Sous son aspect matériel simplement ? Ou en tenant compte de son aspect « spirituel » ?

À la suite de Parménide, d'autres penseurs de l'école d'Élée, située dans l'actuelle Sicile, se sont intéressés à la logique. Le plus célèbre d'entre eux est Pythagore, à qui l'on doit son fameux théorème.

Si Parménide en méditant sur l'être est parvenu à la logique, Pythagore, lui, est parvenu au nombre. Il a interprété le fait qu'un élément A soit égal à lui-même, comme un principe d'harmonie renvoyant à l'unité d'une chose avec elle-même et, donc, à l'Un. Aussi, il a conclu que l'harmonie guide toutes choses sous la forme du nombre. Car une chose, quelle qu'elle soit, devant être ce qu'elle est pour être, celle-ci ne peut exister qu'en fonction d'un principe d'harmonie et donc de l'Un. En ce sens, l'Un apporte autre chose que l'être. Une chose est de dire que l'être est « spirituel », une autre est de dire qu'il est Un, harmonieux.

Pythagore a découvert que chaque chose devant être en harmonie avec elle-même afin d'être, tout est guidé par l'Un. On comprend dans ces conditions qu'il ait pu dire que le nombre guide toutes choses. Ce principe l'a amené à développer une théorie astronomique fondée sur l'harmonie des sphères célestes, celles-ci produisant de la musique au cours de leur mouvement. On doit également à Pythagore la découverte du nombre d'or en architecture, proportion considérée comme étant particulièrement esthétique.

Le grand historien de la pensée antique que fut Diogène Laërce résume bien sa pensée lorsqu'il écrit : « Pour Pythagore, le principe des choses est la monade (unité). De la monade indéterminée est sortie la dyade (dualité), matière indéterminée soumise à la monade qui est la cause. De la monade parfaite et de la dyade indéterminée sont sortis les nombres, des nombres les points, des points les lignes, des lignes les surfaces, des surfaces les volumes et des volumes tous les corps. »

Au XVIIe siècle, Galilée a repris l'intuition pythagoricienne lorsqu'il a formulé l'idée selon laquelle « la nature est écrite en langage mathématique ». Leibniz, près de vingt-trois siècles après Pythagore, a esquissé dans sa *Monadologie* une vision grandiose de l'harmonie universelle de toutes les choses à partir d'un principe premier : la monade. Comme Pythagore, il a pensé que l'Un guide toutes choses, parce que chaque chose se doit d'être une pour être. D'où la relation de l'Un à tout et de tout à l'Un.

Plus récemment, Gaston Bachelard a fait remarquer que les physiciens s'accordent à dire aujourd'hui que nous ne pouvons avoir accès à la matière que sous une forme mathématique, celle-ci étant la seule en mesure de pouvoir approcher sa complexité.

Manifestement, à chaque fois qu'il s'est agi de comprendre la nature, l'esprit humain s'est tourné vers le nombre, comme Pythagore. Car on ne peut réfléchir sur l'unité des choses sans se référer à l'unité, et donc, au nombre.

Démocrite et l'atome

« Notre premier principe, c'est que rien n'est jamais créé
de rien par l'effet d'une puissance divine. »

Démocrite, *De la Nature.*

La réflexion de Parménide concernant l'identité de l'être avec lui-même a eu des conséquences inattendues. Alors qu'elle a conduit celui-ci à penser le monde comme une sphère immobile parfaitement équilibrée en chacun de ses points, tous les penseurs ne sont pas parvenus à la même conclusion. C'est le cas de Démocrite d'Abdère en Sicile, qui est à l'origine de la première philosophie matérialiste dont Épicure et Lucrèce demeurent avec lui des figures marquantes.

D'accord avec Parménide pour dire que l'être est harmonie avec lui-même et donc Un, il en a déduit que le monde n'est pas une sphère mais un nuage d'atomes, pour des raisons tant morales que métaphysiques et logiques.

En premier lieu, on l'ignore souvent, la démarche matérialiste est avant tout morale. Les hommes sont passionnés, constate Démocrite. Ils n'en font qu'à leur tête. Résultat : tout ce qui va dans leur sens, ils l'appellent providence, et tout ce qui leur est contraire, ils le dénomment fatalité. D'où l'émergence d'un monde imaginaire et superstitieux, peuplé de dieux aimant ou persécutant les hommes. Si l'on veut pouvoir libérer les hommes de leurs passions, il faut montrer le monde tel qu'il est.

À cette vision morale est liée une vision métaphysique. Rien ne naît du néant. Tel est le deuxième principe de Démocrite. La nature n'est pas un chaos soumis à l'humeur capricieuse des dieux mais un ordre. Elle est infinie et « une » en chacun de ses points. D'où l'émergence de l'idée d'atome, expression de l'unité de la nature avec elle-même. Si tel n'était pas le cas, si la nature n'était pas ainsi « une » avec elle-même, tout serait contradictoire. Tout pourrait naître de n'importe quoi. Tout serait donc confus.

À cette approche métaphysique s'adjoint enfin une conséquence logique. La nature est faite d'atomes, mais aussi de vide, et c'est le troisième point qu'il importe de souligner. Car le vide, qui n'est pas le néant, est le complément de l'atome. Sans lui, ceux-ci ne pourraient pas se mouvoir. Tout comme il faut des silences en musique afin de laisser s'exprimer les sons, il faut du vide dans l'espace afin que les atomes puissent circuler. Si, sans atomes, il n'y aurait pas de nature, sans vide, il n'y aurait pas de mouvement.

Démocrite a formulé l'idée de l'atome afin de montrer que la nature ne doit rien au caprice, mais tout à l'ordre. Aujourd'hui, l'atome n'a plus cette signification. La science moderne utilise celui-ci sous la forme d'un outil mathématique précieux afin de pouvoir analyser la matière, et non comme réalité tangible renvoyant à un ordre métaphysique de l'unité des choses. Il n'en demeure pas moins que Démocrite et la science sont liés. Avant tout, Démocrite, en poursuivant le but de purifier les passions humaines par la connaissance de ce qui est, a été le premier à concevoir la philosophie comme science, nous dit Jan Patocka, un penseur tchèque contemporain, dans *Platon et l'Europe*. Aujourd'hui encore, la science tire sa justification du caractère éthique que peut revêtir l'acte de connaître en tant que tel. En outre, ainsi que le souligne Michel Serres dans son ouvrage consacré à Lucrèce, l'idée d'un nuage d'atomes tourbillonnant pour décrire la matière est une idée très moderne, puisqu'elle conduit à envisager le monde d'une manière fluide et non pas mécanique.

On peut critiquer l'atomisme. On l'a fait. On le fait encore. La réalité n'est pas une agrégation de particules, comme une ligne n'est pas un amas de points ou une société une collection d'individus. La réalité est un fait global. Elle n'est pas dans des particules mais dans ce qui les lie. Même chose pour la ligne en la société. En ce sens, la réalité est une loi et non une chose. Reste que l'atomisme est pertinent quand il s'agit de rentrer dans le détail. Le réel est réel en tous points. Belle vision de la plénitude du réel.

Héraclite
et la question du devenir

« C'est chez Héraclite que l'on rencontre pour la première fois l'idée philosophique sous sa forme spéculative. Le raisonnement de Parménide avait quelque chose d'abstrait. En comprenant l'être sous la forme du devenir, Héraclite a été un penseur d'une grande profondeur. Avec lui, la terre est pour nous en vue, car c'est une grande pensée que de passer de l'être au devenir. Il n'est pas une proposition d'Héraclite que je n'aie pas reprise dans ma logique. »

Hegel, *Leçons sur la philosophie de l'histoire.*

Tandis que Parménide contestait l'idée du changement, de l'autre côté de la Méditerranée, en Ionie, l'actuelle Asie Mineure, un autre penseur, Héraclite, a tenu des propos diamétralement opposés qu'il a formulés dans des aphorismes demeurés célèbres : « Tout coule », « On ne se baigne jamais deux fois dans le même fleuve ».

En s'exprimant ainsi, celui-ci n'a pas tant posé la question de la réalité, comme Parménide, qu'une question sur la réalité. Cette question, en l'occurrence, est celle de savoir si le changement et la contradiction sont aussi dépourvus de réalité que cela. Car n'est-ce pas ce qui est vivant qui change et ce qui est mort qui ne change pas ? Dans ces conditions, n'est-ce pas dans le devenir que réside la réalité et dans l'immobilité que l'on trouve le néant ?

Héraclite a développé une pensée qui peut paraître sévère au premier abord. « La foudre gouverne l'univers », peut-on lire au fragment 64 des pensées que l'on a recueillies de lui. Et au fragment 53 : « La guerre est le père de toutes choses et le roi de toutes choses. » Toutefois, feu et guerre ne sont que des symboles. « Même un breuvage se décompose, si on ne l'agite pas », écrit Héraclite au fragment 125 et, au fragment 90, on peut lire : « Toutes choses s'échangent pour du feu et le feu pour toutes choses, de même que les marchandises pour l'or et l'or pour les marchandises. » Cela montre bien que le feu et la guerre ne sont pas des principes de destruction mais de vie. Pourquoi ? Parce que pour Héraclite nous ne partons pas de l'être, nous y arrivons. D'où la nécessité de lutter contre la léthargie afin d'accéder à cet être, et pour cela l'importance de pratiquer une transformation des choses par leur mise en circulation afin de les faire communiquer. Car la léthargie vient en définitive de là. Les êtres sont immobiles et figés parce que chacun vit replié sur lui-même comme l'homme au cours du sommeil. Si l'on veut donc pouvoir sortir de ce repli, il importe d'entreprendre le travail de la parole et de la communication, en luttant contre son propre repli mais aussi contre le repli de toutes choses, afin de rejoindre le monde commun de tous, à savoir le *logos*. « Pour ceux qui sont en état de veille, écrit Héraclite au fragment 89, il y a un seul et même monde. » « Aussi faut-il suivre le *logos* commun, ajoute-t-il au fragment 2, et non vivre comme le vulgaire qui, bien que le *logos* appartienne à tous, vit de façon particulière. »

On demeure soi-même en se transformant, afin de faire quelque chose de sa vie et non en se contentant d'être. À la suite d'Héraclite, de nombreux penseurs l'ont rappelé. Platon d'abord qui, dans le *Parménide*, souligne qu'un être dont on ne peut rien dire, sinon qu'il est, ne signifie rien. D'où la nécessité, pour être dans l'être, de dire autre chose qu'il est et donc de s'ouvrir au langage.

Aristote ensuite, qui a montré dans toute sa philosophie qu'être c'est s'accomplir en s'actualisant et non demeurer à l'état de simple possible en dehors de tout mouvement. Aujourd'hui, Héraclite se serait accordé avec la thermodynamique qui a découvert que la vie doit s'ouvrir et donc se « désordonner » afin de demeurer la vie.

La pensée d'Héraclite demeure, en ce sens, étonnamment moderne. En assignant une fonction positive à ce que nous désignons actuellement comme étant le négatif (le chaos, le conflit, le mouvement), celle-ci s'ouvre à une logique des transformations.

Tout ce qui vit se transforme et se conserve en devenant autre. Envisager les choses sous l'angle du devenir devient ainsi le fait de savoir lire derrière le négatif, le signe d'une transformation en cours.

Tout ce qui est négatif est-il porteur d'une transformation en cours ? C'est la question que pose Héraclite et que nous nous posons aujourd'hui.

Si l'on s'accorde à dire que la réalité est porteuse de sens, le sens vient-il de toute réalité, même négative, ou procède-t-il parfois contre la réalité en venant d'ailleurs ?

Empédocle : l'amour et la haine

> « La pensée d'Empédocle se résume dans cette pensée que tout ce qui vit est un. Cette unité est la pensée parménidienne de l'unité de l'être sous une forme bien plus féconde ; une sympathie profonde avec la nature, une compassion débordante s'y ajoutent. Le but de son existence paraît être de réparer les maux causés par la haine, de proclamer dans un monde de haine la pensée de l'unité et de porter un remède partout où apparaît la douleur. »
>
> Nietzsche, *La Naissance de la philosophie à l'époque de la tragédie.*

Héraclite, avec sa philosophie du devenir, a montré qu'il était possible de penser le mouvement et la contradiction sans contradictions, si l'on peut s'exprimer ainsi. Ce n'est pas parce qu'une chose est instable et n'a pas d'identité fixe qu'il est impossible de la penser. Le changement, c'est aussi la vie et son dynamisme créateur.

Empédocle d'Agrigente est sans doute l'un des penseurs les plus fascinants de l'Antiquité. Surnommé « le Mage », du fait de ses relations avec les gymnosophistes, les « yogi » grecs de l'époque influencés par la philosophie hindouiste, il a défendu un idéal démocratique afin de libérer son peuple de la tyrannie, avant, dit-on, de se jeter dans l'Etna.

Homme du Vᵉ siècle av. J.-C., il n'a pas fait partie de l'école d'Ionie d'où venait Héraclite, mais d'Élée, d'où sont issus Parménide et Pythagore. Pourtant, il est un penseur du mouvement. Curieusement, c'est sa méditation sur l'harmonie, l'Un et l'identité, qui le conduit à penser la dynamique des choses. Une image le fera mieux comprendre.

Pour lier deux choses entre elles, il faut commencer par les séparer. S'agissant de la communication humaine, cela est particulièrement vrai. On ne communique pas dans la confusion, quand tout le monde parle en même temps. Pour qu'il y ait dialogue possible, il faut savoir se taire, écouter, avoir le sens de l'autre. Cela est encore vrai pour l'acquisition d'une personnalité. On devient soi en réalisant que nous ne sommes pas l'autre et que l'autre n'est pas nous. En ce sens, la séparation unit et l'unité véritable distingue et sépare. Par exemple, l'amour véritable n'étouffe pas quelqu'un, mais lui permet d'être libre. Et c'est parce que chacun est libre en étant différent que, dans la liberté, deux personnes peuvent se rencontrer. Sur ce principe, Empédocle a bâti toute sa philosophie.

Il a soutenu que toutes choses sont guidées par l'amour et la haine. En termes clairs, cela veut dire que toutes choses se font et se défont sans cesse. « Jamais le changement ne cesse son perpétuel devenir, peut-on lire dans son poème *De la nature*, soit que l'amour amène tout à l'unité soit que la haine disloque et dissocie ce que l'amour a réuni. L'un s'est toujours constitué du multiple et le multiple de l'un… Les éléments de l'univers ne font qu'échanger leurs métamorphoses. Dans le Tout qui est plénitude, il n'y a ni absence ni excès de présence. »

Le terme « haine » traduit mal ce qu'Empédocle a voulu dire, car en grec *polemos* ne désigne pas tant la haine que le combat, qui n'est pas un principe menant au néant mais un principe de séparation positive.

Nietzsche a, de ce point de vue, raison quand il voit dans la pensée d'Empédocle l'expression d'une philosophie de l'Un. C'est parce que le monde est Un que le conflit, la haine, la division font partie du monde. La haine et l'amour sont les deux faces d'une même dynamique. Bien que Freud évolue dans un autre champ de pensée que celui d'Héraclite, on retrouve chez lui une inspiration semblable. D'où sa référence à Eros et Thanatos. Le désir et la mort et non l'amour et la haine. Dans la dynamique du désir qui est le fond de la nature, le désir peut vivre et désirer vivre. Il est alors Eros. Ou bien il peut refuser de vivre et désirer dormir. Il est alors Thanatos.

Thanatos chez Freud n'a pas la connotation positive de la haine chez Empédocle. Ce dernier a pensé la réparation créatrice sous ce terme, réparation créatrice désignant chez Freud le travail du deuil. Il faut réparer des choses et pas simplement s'y attacher, pour pouvoir vivre.

Anaximandre et la naissance de la Cité

« Pour Anaximandre, aucun élément singulier, aucune portion du monde ne saurait en dominer d'autres. C'est l'égalité et la symétrie des diverses puissances constituant le cosmos qui caractérisent le nouvel ordre de la nature. La suprématie appartient exclusivement à une loi d'équilibre et de constante réciprocité. À la *monarchia*, un régime d'*isonomia* s'est substitué dans la nature comme dans la Cité. »

Jean-Pierre Vernant, *Les Origines de la pensée grecque.*

Les Anciens ont médité sur l'être qui est immobile et sur le devenir qui est un mouvement. En apparence, tout les oppose. En fait, tout les relie, dès lors qu'on réalise qu'ils construisent à eux deux le langage. Car qu'est-ce que le langage sinon le fait de lier et de délier sans cesse du sens à travers les mots ? N'est-ce pas le propre du langage de fixer le sens des choses et de faire circuler et évoluer ce sens sans que cela se contredise ?

La parole ou *logos* permet de réconcilier l'être et le devenir. À chaque fois que nous sommes devant un homme vivant, nous sommes en mesure de le comprendre. Celui-ci est multiple et divers. Pourtant, il est le même. Pourquoi ? Comment est-ce possible ? Cela vient de la parole, au sens fort du terme. Son corps, sa vie sont devenus langage. Résultat : il est, tout en étant toujours autre, toujours neuf.

Ce n'est donc pas un hasard si les interrogations des Anciens ont fini par converger vers les questions de la Cité, de la justice et des hommes. La Cité n'est-elle pas par excellence le lieu des échanges, de la communication, et donc du langage ?

Au VIe siècle av. J.-C., un penseur a pressenti cette importance de la Cité ainsi que des questions relatives à la justice. Il s'agit d'Anaximandre. De lui, nous ne possédons qu'une seule phrase qui passe pour être la première phrase de la philosophie et que Simplicius, un commentateur de la pensée antique du VIe siècle apr. J.-C., nous rapporte :

« C'est lui qui a introduit le premier le terme de principe [arche] en entendant par là une nature infinie. C'est de là que proviennent les êtres. C'est là aussi qu'ils se dissipent selon une loi nécessaire. Car, comme il le dit dans son langage poétique, ils sont châtiés et expient leur réciproque injustice selon une loi fixée à l'avance. »

Selon Jean-Pierre Vernant, le grand historien de l'origine de la pensée en Grèce, cette phrase ci-dessus signifie qu'Anaximandre fonde tout sur l'ordre intérieur des relations de réciprocité entre les hommes, et non sur un ordre donné de l'extérieur. La nature n'a pas d'ordre. D'où son côté infini. Seul ce qui renvoie à la relation de communication, de langage et de réciprocité possède un ordre. Car seule la parole parvient à concilier l'être et le devenir. C'est de là que tout vient. C'est vers là que tout doit revenir.

Selon Heidegger, il convient d'aller encore plus loin. Car ce n'est pas la Cité qu'Anaximandre a en vue, mais la pensée même. Celle-ci est le lien par excellence en pratiquant ce retour sur soi qu'est la réflexion. Tout ce qui s'en écarte y est inévitablement ramené.

C'est aussi la profondeur de la destinée humaine qu'exprime Anaximandre. Nous venons de l'infini. Nous allons vers l'infini. Entre les deux, après avoir reçu la vie nous la redonnons aux autres en nous effaçant. Il y a là une profonde justice. Un échange entre les hommes et la vie, les hommes et les autres hommes. La vie échange avec les hommes dans la mesure où les hommes échangent entre eux. Tout est guidé par cet échange et derrière lui par le respect de la loi de la vie qui est circulation de vie. Intégrer la mort dans une loi d'harmonie universelle ! Donner un rôle à chacun par rapport à cette loi d'harmonie ! Profonde façon d'intégrer le négatif. Non plus par le devenir ou par la haine, mais par la justice.

Protagoras et la question du langage

« Sans doute l'orateur est capable de parler contre tous et sur toutes choses de manière à persuader la foule, mieux que personne, sur presque tous les sujets qu'il veut ; mais il n'est pas plus autorisé pour cela à dépouiller de leur réputation les médecins ni les autres artisans, sous prétexte qu'il pourrait le faire ; au contraire, on doit user de la rhétorique avec justice. »

Platon, *Gorgias.*

Il arrive en philosophie que l'on éprouve la vanité de certaines discussions métaphysiques, tant parvenir à une solution semble difficile. On préfère alors se rabattre sur ce que l'on connaît. L'homme, la Cité ! On ne connaîtra pas l'origine et le sens ultime du monde ? Qu'importe. On peut vivre sans ces connaissances ultimes. En relativisant les choses, on évite de se passionner. On apprend à se détacher des hommes et de leurs discours.

C'est ainsi qu'ont pensé les sophistes. Façon originale de penser. On s'imagine qu'il faut un savoir total pour vivre ! Et si c'était l'inverse ?

Les sophistes ont pratiqué le doute. Ils ont démystifié les prétentions des penseurs avides de tout connaître, en montrant la relativité des idées humaines. Nous croyons que nos valeurs sont absolues. Mais toutes les valeurs métaphysiques, morales, esthétiques, scientifiques ne sont-elles pas inventées par les hommes ? Et n'est-ce pas par un effet de croyance que celles-ci sont transmutées en valeurs absolues ? Il est fort à parier que nous ne puissions rien savoir de la vérité ou de la morale en soi. En l'absence d'un tel savoir, la seule sagesse est de bien vivre en vivant au mieux selon un principe de convenance. Convenance avec soi grâce au plaisir. Convenance avec autrui grâce à des conventions. On peut se faire plaisir. Faire plaisir. Et conclure, ainsi que l'a fait Protagoras, que « l'homme est la mesure de toutes choses ».

Il est tentant de suivre l'humanisme de Protagoras. N'est-il pas humain ? Mais, en même temps, peut-on le faire ? Un tel humanisme n'est-il pas trop humain ?

Protagoras déclare se rabattre sur une éthique du plaisir, parce que tout est relatif selon lui. N'est-ce pas une ruse de sa part ? Ne relativise-t-il pas tout parce que son but est de se faire plaisir, un point c'est tout ?

Socrate a vertement critiqué les sophistes en enseignant à se méfier d'une telle phrase. Les sophistes étaient des professeurs de rhétorique et de culture générale qui vendaient leur savoir aux jeunes gens de la bonne société, afin que ceux-ci puissent briller dans les assemblées et ainsi se faire élire. Ils étaient, si l'on veut, les « conseillers en communication » de l'époque.

Socrate a dénoncé cette façon d'utiliser ainsi le langage et les idées afin de soigner son image et de séduire les foules. Quand l'image que l'on veut donner de soi et la séduction sont la motivation principale des actions, tout et n'importe quoi devient bon, pourvu que cela marche. On finit alors vite dans la démagogie. On bascule également dans cette dictature des esprits consistant à baptiser qualité un défaut et défaut une qualité, quand cela plaît à un large public.

Socrate s'est insurgé contre ce procédé profitable au pouvoir et ruineux pour la pensée. De toutes ses forces, il a rappelé que l'on ne pense pas pour plaire mais pour penser et trouver la vérité. Il a critiqué la démocratie de son temps en dénonçant les sophistes, chez qui il a vu d'habiles flatteurs disant aux autres hommes ce qui leur plaît d'entendre, afin de pouvoir mieux les tromper. Il a critiqué l'idée que l'homme puisse être « la mesure de toutes choses ». Quand elle revient à dire que tout est subjectif, une telle phrase a pour conséquence un relativisme généralisé dont le résultat est qu'il n'y a plus ni réels, ni critères, ni valeurs. Quand il y a autant de réels, de critères et de valeurs qu'il y a d'individus, comment parler encore de réels, de critères et de valeurs ?

La sophistique est critiquable, mais elle ne se réduit pas qu'à ces travers, et Socrate, qui a critiqué Protagoras, l'a aussi beaucoup admiré. Car celui-ci a su alerter les hommes de son temps à propos d'un problème important. Quand on parle, il faut savoir à qui l'on parle et comment faire passer ce que l'on dit à autrui, sans quoi, en n'écoutant que soi, ce que l'on dit reste une parole morte. La communication afin de faire passer un message est donc quelque chose qui s'apprend. Il faut savoir vaincre, dit-on, mais aussi avoir la manière. Pour la parole aussi. Sans manière, brutale, elle cesse de parler.

Les pionniers d'une vision du monde

Socrate et la conscience de l'homme

« Moi, Socrate, je n'ai pas d'autre but, en allant par les rues, que de vous persuader, jeunes et vieux, qu'il ne faut pas donner le pas au corps et aux richesses et s'en occuper avec autant d'ardeur que du perfectionnement de l'âme. Je vous répète que ce ne sont pas les richesses qui donnent la vertu, mais que c'est de la vertu que proviennent les richesses et tout ce qui est avantageux, soit aux particuliers, soit à l'État. »

Platon, *L'Apologie de Socrate.*

Socrate a fait de la question de l'homme le cœur de son enseignement. Quand il débute celui-ci, d'autres penseurs, comme Protagoras, en parlent également. Un long travail s'est déjà accompli afin de faire comprendre la place que l'homme occupe au cœur de la pensée. Tout cependant n'a pas été dit. Si parler de l'homme est une bonne chose, encore faut-il ne pas se tromper d'homme.

Être un homme, pour Socrate, ce n'est pas dire « je », mais dire « je pense ». L'homme véritable est celui qui sait ce qu'il fait. Il est présent à sa vie par sa conscience. Accéder à cette conscience ne va pas de soi. Pour y parvenir, il faut accepter que le fond de nous-mêmes ne soit pas quelque chose que l'on puisse toucher, voir ou sentir, mais quelque chose d'invisible, d'immatériel, de spirituel en un mot. Il faut également accepter que quelque chose soit donné avant nous-mêmes qui ne soit pas nous-mêmes et qui, néanmoins, nous permette d'être nous-mêmes. Cela requiert un double abandon de soi qui angoisse les hommes. Spontanément, ce qui se comprend, ceux-ci ont tendance à dire qu'ils sont leur corps et que leur être leur vient d'eux. Ils veulent pouvoir voir et saisir ce qu'ils sont.

Socrate, qui ne nie pas que nous ayons un corps ainsi qu'une personnalité, fait remarquer, cependant, que l'homme ne peut pas se confondre avec son corps. Se penser de la sorte conduit à tout ramener à soi et à ce que l'on sent, cela revient à s'enfermer sur soi, ainsi qu'à réduire le monde à soi, en étant égocentrique et tyrannique.

Derrière notre rapport au corps et au sensible, il y a souvent une hypertrophie du « je-me-moi-je ». Aussi importe-t-il de faire retour sur soi et de se demander : « Qui suis-je ? », « Suis-je vraiment mon corps ? », « Suis-je vraiment moi-même quand il n'y a que moi qui compte ? ».

Quand on se pose une telle question, la conscience jaillit et peut-être que mon moi véritable n'est pas celui que je crois. Il est plus invisible que l'on ne pense. C'est là aussi que jaillit l'idée que mon moi véritable ne vient pas que de moi, mais qu'il m'est donné mystérieusement. Je suis parce qu'il y a de l'être et pas simplement un je.

Si donc je veux me libérer de ma fausse personnalité qui ramène tout à elle et à mon corps, il faut que j'accepte l'idée que mon moi véritable provient d'une présence plus profonde et plus secrète en moi. Une telle chose bouscule ce que Freud a appelé la prétention narcissique. Elle implique que l'on fasse le deuil d'une image de soi afin de renaître sur un autre plan. Les contemporains de Socrate n'ont pas accepté d'être ainsi bousculés et, plutôt que de se transformer, ils ont fait mourir celui-ci.

Aujourd'hui, la psychanalyse a montré combien Socrate pouvait avoir raison. Celui qui se confond avec son moi narcissique superficiel en niant son moi plus profond finit par véhiculer un narcissisme de mort. Si l'on veut pouvoir ne pas délirer ainsi, il convient donc d'accoucher de soi-même en faisant retour sur soi. C'est ce qu'a compris Socrate avant tout le monde. Il a cherché à soigner les âmes de son temps en les éveillant par des questions et, en les éveillant ainsi, c'est toute la culture qu'il a éveillée.

À ce titre, il est bien notre contemporain. Nous sentons bien souvent la nécessité d'accoucher de nous-mêmes, de nous libérer. L'être pensant et profond est souvent enfermé dans la personne. Il s'agit de le délivrer. Socrate a tenté de délivrer le philosophe qui sommeille en chacun. Il a appelé cela réveiller la Cité ! Il faut s'éveiller. Nous dormons tant, faute de penser. Il faut faire naître l'humanité des hommes éveillés.

Platon et l'idéalisme

> « Que serait le monde sans les idées ? Non seulement il ne serait pas compris ; mais c'est trop peu dire ; il ne serait rien ; il n'apparaîtrait même pas. »
>
> Alain, *Idées.*

Socrate meurt en 399 av. J.-C., condamné à boire la ciguë par la Cité qu'il avait voulu réveiller. Platon a vingt-huit ans à ce moment-là. C'est un jeune aristocrate qui a admiré la grandeur de Socrate. Il a réalisé également où peuvent conduire les passions humaines. Celles-ci peuvent déboucher sur l'ivresse et la mort. Il se pose dès lors cette question : comment faire en sorte que l'humanité puisse conserver ce qu'elle a de meilleur et qu'elle ne réédite pas l'erreur consistant à tuer des hommes comme Socrate ? Une seule réponse :

imaginer un monde dans lequel l'éducation serait reine. Tout faire pour que des hommes comme Socrate puissent éduquer la foule et que la foule puisse avoir le moyen d'être éduquée par des hommes comme Socrate. Ce monde, c'est celui de *La République*, l'œuvre majeure de Platon.

Pour parvenir à cet idéal, il convient de tout repenser et, d'abord, de tirer les conséquences de l'enseignement socratique.

L'homme devient conscient grâce à une présence en lui qui l'inspire. Selon Platon, cette présence n'est pas l'effet d'une magie, mais de l'idée qui se trouve en lui. L'homme est conscient, parce qu'il a l'idée de lui-même.

Qu'est-ce que l'idée ? L'idée est la forme de toutes choses et, pour le comprendre, prenons une image. La statue que façonne le sculpteur se compose de deux éléments : la pierre, qui est le support de la sculpture, et la forme qui donne vie à la pierre pour en faire une sculpture. Cette forme, c'est ce que Platon appelle l'idée. Grâce aux idées, tout prend forme. Tout devient réel et vivant. Tout devient visible et porteur de relations et de sens. Aussi, en l'homme, est-ce la forme qu'il possède en lui qui l'inspire. D'où viennent les formes elles-mêmes ? C'est là une énigme. Nous pouvons constater que l'Univers jaillit de la forme et conclure qu'il y a un monde des formes gouverné par l'idée suprême du Bien qui a voulu les formes parce que c'est « bien ainsi ». En ce sens, tout est guidé par un principe de justice. Le monde, mais aussi l'homme et la Cité. C'est grâce à lui que chaque être et chaque chose peuvent s'accorder à eux-mêmes comme aux autres choses et aux autres êtres.

Platon a découvert que l'idée au sens de forme « informe » le monde. Selon lui, l'idée-forme explique toutes choses. Tout vit grâce à elle. Elle est l'âme de toutes choses et, grâce à elle, tout est plein d'âme et de sens. C'est elle, plus que l'homme, qui réconcilie l'être et le devenir, en étant dans l'homme ce qui permet à celui-ci de demeurer le même à travers tous les changements. Platon, en ce sens, peut être considéré comme le premier théoricien de l'information. Il a été le premier à penser la réalité à partir d'un principe d'information courant à travers celle-ci afin de la former.

Idéaliste dès lors, Platon ? Abstrait ? Rêveur ? Nullement. Ainsi que l'a vu Hegel, son coup de génie a consisté à voir qu'il n'y a pas plus réel que l'idée. Et l'expérience nous le montre. Si le monde était informe, il n'y aurait pas de monde. Si notre vie ne prenait pas forme, nous ne vivrions pas. Aussi Alain a-t-il eu raison de dire que le monde des idées décrit par Platon est réel comme la pureté du diamant issu du roc.

L'idée du Bien et l'adieu aux présocratiques

« Je préfère Thucydide à Platon, parce que, en lui, s'épanouit le penseur-homme, la somptueuse floraison de cette culture de la plus libre connaissance du monde qui eut en Sophocle son poète, en Périclès son homme d'État, en Hippocrate son médecin, en Démocrite son expert ès sciences de la nature. »

Nietzsche, *Aurore.*

Platon, dans sa philosophie, a placé l'idée du Bien au centre de sa réflexion. Ainsi qu'il le montre dans un texte célèbre de *La République* où il décrit les différents degrés de la connaissance, on réalise cette importance du Bien quand on comprend que les formes abstraites qui donnent vie à la matière sont elles-mêmes possibles parce qu'elles sont conformes à ce qu'elles doivent être. Il s'agit là d'un principe de justice. Les choses sont conformes à l'être, c'est-à-dire à la réalité envisagée comme réalité intelligente.

En plaçant ainsi un principe à la base de toutes choses, Platon a clairement signifié qu'en aucun cas le Mal ainsi que le néant ne sauraient guider le monde. Il a de ce fait rigoureusement récusé ces systèmes de pensée dans lesquels on voit la destruction servir à la création. Un sophiste comme Trasymaque pensait que la violence guide le monde et le fait progresser. Selon Platon, dire que le Mal permet d'accéder au Bien relève d'un contresens. Quand c'est le cas, ce Mal qui débouche sur le Bien n'est pas véritablement un Mal. En revanche, ce Bien qui a besoin du Mal pour être n'est pas un Bien. D'où une inversion des valeurs. Quand le Mal sert au Bien, c'est le Mal qui triomphe et le Bien qui est vaincu.

Il est évident que penser les choses ainsi a un avantage et un inconvénient. L'avantage consiste à préserver la morale en plaçant à la base de tout un principe qui veut l'être et non le néant. Quand on fait du Bien, qui est volonté d'être, la clé de la réalité, on offre à la morale la plus forte des légitimités possibles en soulignant que la vie véritablement réelle ne peut qu'être morale.

Toutefois, on se heurte à un inconvénient que Nietzsche a bien repéré. Poser l'existence d'un Bien absolu, totalement bon par lui-même, est nécessairement quelque part un acte de foi consistant à admettre l'existence d'une réalité en soi, sans la discuter. Cela revient à placer au-dessus de soi quelque chose dont tout dérive sans que ce quelque chose dérive de quoi que ce soit. Ce qui a pour conséquence de suspendre la pensée et son mouvement de rationalisation. Nietzsche puis Heidegger ont vu là un coup d'arrêt asséné à la philosophie. C'est la raison pour laquelle ils ont dit que la philosophie antique était morte avec Platon. Selon Nietzsche, avec Platon, la philosophie devenant morale a cessé d'oser penser comme le faisaient les présocratiques.

Depuis Nietzsche, une question demeure. Platon a-t-il ou non achevé la philosophie ? Pour Claude Tresmontant, théologien catholique, c'est la pensée présocratique qui est une antiphilosophie. Selon lui, elle n'a jamais été qu'un matérialisme réducteur enterrant la morale pour sauver la raison avec l'idée d'un monde cyclique passant par des créations et des destructions successives, comme chez Héraclite ou chez Empédocle. Selon Nietzsche, au contraire, c'est le platonisme qui est une antiphilosophie en freinant la pensée afin de préserver la morale. En fait, ni les présocratiques ni Platon ne sont aussi noirs. Sans les présocratiques, Platon n'aurait pas existé. C'est à eux que l'on doit d'envisager la réalité de la nature sous l'angle d'un principe intelligent. Sans eux, les idées de Platon n'auraient pas pu naître. Aussi ne sont-ils pas si réducteurs que cela. Quant à Platon, sa vision morale du monde a davantage stimulé la pensée qu'étouffé celle-ci. Voir le monde matériel comme réglé par un principe de justice, c'est respecter le monde matériel. Aussi celui-ci a-t-il davantage accompli la pensée des présocratiques en la projetant vers des horizons nouveaux qu'achevé celle-ci.

Aristote et le réalisme

« La fin c'est l'acte et c'est en vue de l'acte que la puissance est conçue. On possède la vue pour voir et non pour posséder la vue. En outre, la matière est en puissance quand elle tend vers sa forme. Elle est en acte quand elle est dans sa forme. Aussi la nature est-elle comme ces maîtres qui ont atteint leur fin quand ils montrent leur sujet en exercice. En effet, l'acte, c'est l'œuvre. »

Aristote, *La Métaphysique.*

Platon a découvert avec génie le monde des idées et des formes. Mais un problème subsiste. S'il est vrai que la matière ne serait rien sans la forme qui l'anime, qu'en est-il de l'inverse ? La forme pourrait-elle être quelque chose sans la matière ? Aristote, qui fut l'élève de Platon, répond négativement. Il n'y a pas, selon lui, la forme malgré la matière, mais la forme parce que la matière. Pour le comprendre, il importe de changer de rapport à l'idée.

La matière ne saurait être sans la forme, cela va sans dire. L'idée ne saurait être simplement idéale. Une idée n'a de sens que dans la mesure où elle se réalise. L'idée, en ce sens, n'est une idée que quand elle s'actualise. S'actualiser veut dire que l'idée est une forme dans l'action même de mettre en forme et pas simplement dans l'idée de former. Il faut donc infléchir Platon et dire que l'idée est l'action de former et pas simplement la forme. La véritable compréhension de la forme implique d'apercevoir la forme comme acte et pas simplement comme modèle, sans quoi nous n'avons affaire à la forme que comme ce que Aristote appelle puissance.

Tout le monde connaît l'adage qui dit que « c'est en forgeant que l'on devient forgeron ». Aristote le cite à maintes reprises afin de rappeler que l'idée est action.

C'est le réel qui nous instruit. C'est lui qui est idéal et la perfection consiste à être bien actuel et réel et pas simplement « virtuel ».

Cette mise au point d'Aristote a deux conséquences majeures. Sur le plan théorique, elle rectifie les dérives possibles de la théorie platonicienne des idées. Une forme n'est pas une possibilité mais une réalité et donc une action. C'est dans l'action de la former qu'on la mesure et dans le fait de la voir qu'on la rencontre. Méfions-nous en conséquence des abstractions. Une forme qui ne forme rien et qui n'a aucune forme sensible n'est pas une forme. La matière doit être réhabilitée. Aristote a littéralement retourné le platonisme en poussant jusqu'au bout l'analyse de la forme qui, si elle nous éloigne de la matière en un premier temps, nous y ramène dans un second temps. Sur un plan pratique, l'approche aristotélicienne rectifie la politique de Platon.

S'il est vrai qu'il faut éduquer les hommes parfois contre eux-mêmes, faute de quoi, livrés à eux-mêmes, ils finissent par se perdre, il faut aussi savoir les laisser discuter entre eux, vivre, lier amitié et se former au contact de cette amitié sans obéir à un modèle. Les hommes doivent pouvoir, à un moment ou à un autre, se modeler eux-mêmes, sans quoi ils ne deviendront jamais adultes. Une éducation autoritaire n'est donc pas forcément bonne. L'éducation passe aussi par les rencontres et l'amitié ainsi que par le fait de vivre heureux. Chacun peut en témoigner, jamais on n'apprend mieux que dans le plaisir.

Aristote a critiqué Platon, non pas pour le détruire mais pour éviter qu'on ne le détruise.

Comme Platon, il a cru dans la force des idées et de la pensée. Sans pensée tout serait informe. Il n'a pas cru cependant devoir abolir le monde sensible pour autant et c'est là que réside son génie propre.

La métaphysique et le destin de la pensée occidentale

« L'esprit humain passe par trois états. L'état théologique où l'esprit humain se représente les phénomènes comme produits par des agents surnaturels, l'état métaphysique où les agents surnaturels sont remplacés par des forces abstraites, enfin, l'état positif où l'esprit humain, reconnaissant l'impossibilité d'obtenir des notions absolues, renonce à chercher l'origine et la destination de l'univers ainsi qu'à découvrir la cause intime des êtres, pour s'attacher simplement à décrire leurs lois. »

Auguste Comte, *Cours de philosophie positive.*

En infléchissant la théorie platonicienne des idées afin de montrer que la véritable forme s'actualise, Aristote a bouleversé les rapports à la pensée. Pensant ainsi toutes choses de façon dynamique, il a placé au principe de tout une réalité dynamique suprême en lui attribuant trois caractères. Celui d'être une cause, c'est-à-dire un agent producteur du mouvement général de toutes choses intitulé Premier Moteur. Celui d'être un but suprême vers quoi tout tend, et donc un désir, tout dans la nature cherchant à s'actualiser de plus en plus. Enfin, celui d'être une pensée productrice, la cause étant cause parce qu'elle est présente à elle-même en se pensant elle-même. En ce sens, Aristote a assigné à la philosophie le rôle d'être la science de cette cause première. Qui connaît celle-ci possède la clé afin de connaître le dynamisme de la nature. Cette science de la cause première a pris un nom : celui de métaphysique, qualifiée par Aristote de science de l'être en tant qu'être.

Depuis Aristote, la métaphysique est demeurée cette discipline s'efforçant de découvrir la cause profonde de toutes choses en posant la question : « Pourquoi ? » C'est la question de la cause, du but et de la définition de toutes choses.

La pensée occidentale se caractérise par la science qui cherche à comprendre et à expliquer le monde. Cela provoque deux types de critiques qui ne cessent d'animer les débats des philosophes. La première lui reproche d'être trop scientifique et pas assez métaphysique. Selon Bergson, poser que tout agit selon un but, revient à prêter à la réalité suprême, en l'occurrence Dieu, l'attitude du technicien posant un plan avant d'agir. C'est, de fait, diviniser la technique produite par la société et, par là même, la société tout court. Ainsi, Aristote a favorisé, selon Bergson, l'avènement d'un monde ayant pour philosophie la domination technique et non plus le sens de la profondeur métaphysique.

La seconde critique adressée à la métaphysique est celle qui lui reproche au contraire d'être trop théologique et pas assez scientifique. C'est celle que l'on trouve formulée par le scepticisme de Hume et le positivisme d'Auguste Comte. Selon eux, la recherche d'une cause est en soi une erreur. Elle pousse à inventer un au-delà du monde et à tout ramener à cet au-delà afin d'expliquer le monde. Ce qui est une abstraction. La science doit renoncer à la question « pourquoi ? » et se contenter de décrire ce qui est à partir de l'homme sous peine d'errer dans des explications fumeuses.

Trop scientifique, Aristote ? Trop théologique au contraire ? Et si Aristote avait raison ? Peut-on renoncer à poser la question « pourquoi ? » ? N'est-ce pas cette question qui conduit les hommes à réfléchir ?

On peut reprocher à la notion d'être – qui est le nom philosophique désignant la réalité comme réalité « spirituelle » – d'être trop intellectuelle et trop religieuse. Reste que c'est grâce à elle que nous réfléchissons.

Ainsi, se demander ce qu'il en est de la réalité spirituelle, c'est se demander ce qu'il en est de la réalité, si celle-ci est spirituelle. C'est se demander également ce qu'il en est de l'esprit, si celui-ci est réel.

Sommes-nous dans un monde qui est réel, qui pense et qui nous fait devenir réels et pensants ? C'est ce que signifie la question de l'être ! Question de la cause, du désir et de l'intelligence.

Pyrrhon et le scepticisme

> « Le pyrrhonisme est le vrai. Car après tout les hommes avant J.-C. ne savaient pas où ils en étaient ni si ils étaient grands ou petits. Et ceux qui ont dit l'un ou l'autre n'en savaient rien et devinaient sans raison et par hasard. Et même ils erraient toujours en excluant l'un ou l'autre. »
>
> Pascal, *Pensées.*

Socrate, en se demandant où est celui qui pense en nous, conduit la pensée à s'interroger sur l'identité humaine. Grâce à cette interrogation, Platon et Aristote ont découvert l'importance de l'idée qui informe l'homme en donnant une forme à son individualité ainsi qu'à son âme. La question posée par Socrate a eu toutefois d'autres conséquences. La première d'entre elles réside dans le doute. En se demandant qui nous sommes vraiment, Socrate a montré que l'image que nous nous faisons de nous-mêmes ne correspond pas vraiment à ce que nous sommes. Nous ne sommes pas forcément ceux que nous avons conscience d'être. Il peut y avoir des illusions de la conscience de ce que nous sommes du fait des fausses images que nous pouvons véhiculer à propos de nous-mêmes. D'où la nécessité de critiquer les idées-images que nous pouvons nous faire de nous. En ce sens, Socrate, par ses questions, a ouvert la porte à une critique possible de la conscience et des idées en même temps qu'il découvrait la dimension de la conscience. C'est ainsi que l'a, en tout cas, interprété Pyrrhon, le fondateur du scepticisme antique.

Pyrrhon a vu dans Socrate celui qui remet en question non seulement les images que nous nous faisons de nous-mêmes mais les idées en général. Ce qui a eu trois conséquences. Constatant qu'une idée de soi comme du monde est impossible à obtenir, tant l'illusion à croire pouvoir savoir est grande, il a invité les hommes de son temps à suspendre leur jugement en pratiquant une mise entre parenthèses de celui-ci (*epoche*). Que reste-t-il dès lors ? Deux choses. Faute de pouvoir connaître la vérité, nous pouvons sentir les choses et les vivre. Et les vivant, nous pouvons conclure que l'homme et le monde sont une collection de sensations. Belle leçon. À défaut de savoir, on peut vivre, sentir. N'est-ce pas le plus humain des savoirs ?

Pyrrhon, par sa critique de l'image que l'on se fait de soi comme du monde, a fondé la pensée sceptique qui s'emploie à dénoncer les illusions que l'on se fait à propos de soi comme du monde. Le scepticisme a fait l'objet de nombreuses critiques. Il lui a été reproché d'être contradictoire. Est-il possible de dire que tout est illusoire sans se condamner soi-même ? Il lui a été également reproché de retomber dans une forme de sensualisme assez plat, critiquant la conscience et les idées afin de faire prévaloir la matière et le corps. Dans cette perspective, le scepticisme aurait douté de tout ce qui ne ramène pas à une sensation ainsi qu'à la matière.

En fait, le scepticisme est infiniment plus riche et moins contradictoire, comme en témoignent ses trois illustres successeurs. Le premier, Montaigne, a fait du doute une morale et une sagesse préparant à la rencontre avec l'absolu par l'apprentissage de la relativité de toutes choses. Ainsi, loin d'être une négation de l'absolu, le relativisme en est devenu le moyen d'accès. Le deuxième, Descartes, a fait du doute une méthode de recherche de la vérité fondée sur l'exclusion de tout ce qui n'est pas évident pour la conscience. Enfin, le troisième, Husserl, a fait de la suspension du jugement (*epoche*) le moyen par excellence de pouvoir redevenir attentif au vécu et créer la science de celui-ci sous la forme de la phénoménologie.

D'une façon générale, le scepticisme a contribué à faire apercevoir la valeur singulière de l'expérience. Vue banalement, celle-ci est la négation de la théorie. Vue en profondeur, elle est la théorie de toute théorie. Passer par l'expérience, c'est interroger les idées, en se demandant ce que l'on peut conserver de celles-ci. L'expérience *via* le doute permet de revenir sur terre. Elle fait passer du sens de l'idée à l'idée du sens.

Épicure et la question du bonheur

« Le sage se moque du destin dont certains font le maître absolu des choses et il préfère s'incliner devant les dieux de la mythologie qui se laissent fléchir que devant le destin qui est inflexible. Il n'admet pas avec la foule que la fortune soit une divinité, car un dieu ne peut agir sans règles. Enfin, il pense qu'il vaut mieux échouer par mauvaise fortune après avoir bien raisonné, que réussir par heureuse fortune après avoir mal raisonné. »

Épicure, *Lettre à Ménécée sur la morale.*

Socrate, en s'interrogeant sur l'homme, a frayé la voie en menant à une critique des illusions que nous pouvons entretenir au sujet de nous-mêmes. Il a aussi ouvert la porte à cette question pratique : « Comment vivre afin de devenir un homme ? » Ce qui est lié. Douter de l'homme que l'on est, c'est, de fait, s'orienter vers l'homme que l'on n'est pas encore, c'est-à-dire poser la question de la pratique. D'où l'autre face du socratisme. Cette pensée a été à l'origine des grandes morales antiques que sont l'épicurisme et le stoïcisme.

L'épicurisme est souvent assimilé au fait d'être un bon vivant qui mange, qui boit et qui se fait plaisir. Cette image naïve est loin de l'épicurisme véritable qui consiste en tout autre chose.

Le but d'Épicure n'a pas été de laisser aller son plaisir mais de guider celui-ci. Les hommes qui ne savent pas se maîtriser, ni être sobres, mangent et boivent trop, a-t-il fait remarquer. Résultat : ils sont malades. Où donc est le plaisir ? Certainement pas là, mais bien plutôt dans le fait de vivre de façon frugale et de s'abstenir des excès. Aussi importe-t-il de se délivrer de l'homme passionné qu'il y a en nous en changeant notre approche de l'existence. Les hommes ont tendance à faire preuve d'un égocentrisme exacerbé. Angoissés face au monde, ils se font le centre de celui-ci afin que l'on s'intéresse à eux. De ce fait, ils ne cessent d'appeler providence ce qui s'accorde avec leurs désirs et fatalité ce qui s'y oppose. D'où leur humeur capricieuse, oscillant entre l'excitation et la dépression.

Si l'on veut pouvoir se délivrer de cet état malheureux où l'on vit en étant perpétuellement dépendant du monde extérieur pour ses joies, il importe de quitter cette vie imaginaire afin de revenir à la vie réelle, marquée par trois traits saillants : vivre dans l'imaginaire consistant à regretter le passé et à craindre l'avenir en imaginant sans cesse une providence et en redoutant la fatalité, il importe d'apprendre à vivre au présent afin d'être libre. Ainsi, vivre au présent consiste à se contenter de ce que l'on a et de ce que l'on est. D'où la mise en œuvre d'une pratique harmonieuse de la vie à travers une paix conclue avec le présent. Ce qui consiste finalement à vivre avec son corps, selon son corps, comme corps parmi les corps sans rechercher une autre vie.

Mal compris, l'épicurisme peut donner l'impression d'être un hédonisme nihiliste, c'est-à-dire un culte désespéré de la jouissance de la vie sur fond d'une glorification de la matière. En fait, c'est tout l'inverse. Le matérialisme d'Épicure n'est qu'une conséquence de sa morale, dans laquelle seul importe le fait d'apprendre à vivre au présent, afin de se délivrer de la peur et des vaines attentes. C'est parce qu'il a eu en vue d'apprendre aux hommes de son temps à vivre au présent qu'Épicure s'est intéressé au plaisir et au corps. Quand on apprend à vivre de la sorte, une ouverture étonnante se produit. Derrière le présent comme temps de la vie, on découvre le présent comme ouverture de la vie.

Il faut imaginer Épicure heureux. Comme il faut nous imaginer. Que de fois nous regardons ce que nous n'avons plus, ce que nous n'avons pas ou ce que nous n'avons pas encore. En oubliant que la vie est là, que nous avons un corps, que nous pouvons être heureux en cultivant un bon usage de la vie et du corps, nous construisons notre malheur. Il n'est jamais trop tard pour être heureux, pour se réconcilier avec la vie. Vivre ici maintenant. Tout de suite. Sagesse du présent. Clé de la joie. Fin de toute tristesse.

Épictète et la question de la vertu

« Ne demande pas que ce qui arrive arrive comme tu veux. Mais veuille que les choses arrivent comme elles arrivent, et tu seras heureux. »

Épictète, *Le Manuel.*

Afin d'apprendre aux hommes à vivre au présent, les épicuriens ont enseigné qu'il n'y a dans le monde que la matière présente à elle-même, et rien d'autre. D'où l'idée chez eux du vide, complément de la matière, ainsi que celle du hasard, afin de souligner qu'aucun destin ne dirige le monde. Une question demeure cependant. Si la matière peut être ainsi présente à elle-même, n'est-ce pas parce qu'il existe en elle un principe d'organisation faisant qu'elle adhère à elle-même en étant ce qu'elle est ? Les stoïciens l'ont pensé. C'est la raison pour laquelle ils ont affirmé qu'il existe une raison dans toutes choses gouvernant celles-ci. Cette raison, ils l'ont appelée destin. Le destin qui n'est pas la fatalité veut dire que rien ne vient de rien. L'être (la réalité intelligente) vient de l'être (réalité intelligente). Le réel veille sur lui-même. Providence du réel. Cela fait penser. Cela aide à penser.

Le stoïcisme a connu trois phases : sa naissance avec Zénon de Kition, le moyen stoïcisme avec Panetius de Rhodes, et surtout sa maturité avec le stoïcisme dit impérial. Ce dernier fut représenté à Rome par trois illustres figures : Sénèque, Épictète et Marc Aurèle.

Tout le stoïcisme se résume en une phrase : il y a ce qui dépend de nous et ce qui n'en dépend pas. Ce qui dépend de nous, ce sont nos actions et surtout nos jugements, c'est-à-dire nos représentations des choses. Ce qui n'en dépend pas, ce sont le corps, les richesses et les honneurs qui nous viennent de l'extérieur.

Tout le malheur de l'homme vient de ce qu'il confond les deux ordres. Il veut ce sur quoi il n'a pas prise et il ne veut pas ce sur quoi il a prise. Il veut ainsi ne pas mourir ou être célèbre, ce qui ne dépend pas de lui. En revanche, il ne veut pas réformer son jugement et se dire que, souvent, il souffre parce qu'il désire l'impossible. Si l'on veut donc ne pas souffrir, il importe de réformer son jugement, en apercevant que la qualité d'une chose n'est jamais qu'un événement. C'est à tort, par exemple, que l'on dit qu'un arbre est vert. Il n'est vert qu'au printemps, avant de jaunir et de perdre son feuillage en automne. La qualité « vert » qu'on lui attribue n'est que passagère. Elle est de ce fait vivante bien que passagère. Aussi faut-il dire que l'arbre est verdissant et non vert. Appliquons cela à notre vie. Gardons à l'esprit que tout est transitoire, nous ne souffrirons plus. Nous cesserons d'imaginer que tout est fixé une fois pour toutes. Nous cesserons d'imaginer le malheur comme éternel. Nous changerons, de ce fait, notre point de vue sur le monde comme sur nous-mêmes. Tout est vivant. Le mouvement de la nature en est un règne. La nature n'est donc pas figée. Elle est vivante. Elle bouge. Elle se transforme. Cette transformation est la marque de son éternité. De la nôtre aussi. Comme parties de la nature appelées à se transformer, nous sommes éternels. Génie des stoïciens.

Platon pensait que le devenir est contraire à l'éternité. Erreur. La transformation qui renvoie à l'éternelle transformation du monde est marque d'éternité.

Pourquoi s'en faire dès lors ? « Tu veux m'asservir, disait Épictète. Fais-le. Sur le trône comme dans les chaînes, je reste libre. Car jamais tu ne pourras détruire la part indestructible que je porte en moi. Il faudrait pour cela que tu puisses détruire la nature tout entière dont tu n'es qu'une infime poussière. Ce qui est proprement risible. »

Les stoïciens ont pensé qu'en éduquant les hommes ainsi qu'en organisant juridiquement la société on les prépare à devenir sages. Ils ont été, pour cette raison, les penseurs du monde romain, de ses lois, de sa culture, de sa sagesse.

Il faut imaginer les stoïciens heureux. Pleins d'humour, souligne Gilles Deleuze. Quand tout se transforme, tout revient toujours sous différentes formes. Relativité. Je me casse une jambe ? Une autre façon de se casser les pieds. Pas pire au fond. Il fallait y penser. Il faut y penser et rire.

La sagesse antique

Plotin
et la contemplation de l'Un

« Je m'efforce de ramener le divin qui est en moi au divin qui est dans l'Univers. »

Émile Bréhier, *La Philosophie de Plotin.*

Si la philosophie morale et politique a mobilisé les esprits sous la Rome impériale puis sous le Bas-Empire, l'Antiquité tardive n'a pas pour autant éclipsé toute préoccupation contemplative et métaphysique. Au IIIe siècle apr. J.-C., celle-ci connaît un regain de vigueur du fait de Plotin qui revient à Platon.

Peu attiré par la morale et en particulier par la morale chrétienne, celui-ci aspire à la pensée. Toutefois peu attiré également par une pensée exclusivement mathématique, il se tient à l'écart des courants platoniciens qui s'occupent d'abstractions logico-mathématiques, car il aspire à la dimension religieuse de la vie.

C'est en relisant Platon qu'il sort de ce dilemme. Dans *Le Banquet*, Diotime, l'interlocutrice de Socrate, explique à ce dernier qu'il est possible de s'élever vers les idées par la contemplation des corps sensibles. Car qui contemple la beauté des corps finit par entrevoir en eux l'âme qui anime ces corps, puis, à travers cette âme, les actes qui animent cette âme, les discours qui animent ces actes et, enfin, les idées d'où émanent ces discours.

Fort de cette analyse, Plotin place le beau au centre de sa réflexion sous la forme de l'Un qui est harmonie avec lui-même.

Cet Un est une intelligence qui, en se recueillant en elle-même afin de se contempler, crée une sorte de grande vibration lumineuse qu'il baptise émanation, car elle ressemble à la lumière qui émane de quelqu'un quand celui-ci est en harmonie avec lui-même. Ne dit-on pas de celui qui est en paix avec lui-même qu'il rayonne ? Toute la création est issue de cette émanation qui est une sorte de grand débordement d'être. Dans ce déploiement, plus une chose s'éloigne de l'Un, plus elle se matérialise, plus elle s'en rapproche, plus elle se spiritualise. Il est possible de comprendre ce mouvement en se tournant vers l'homme et sa vie intérieure. Lorsque celui-ci rentre en lui-même, peu à peu il trouve l'Un et la lumière. « Rentre donc en toi-même, écrit Plotin, et observe. Si tu ne vois pas la beauté, retranche ce qui est superflu, redresse tout ce qui est de travers, dissipe toute opacité et travaille à te rendre limpide, sans cesser jamais de sculpter ta propre beauté, jusqu'à ce que t'illumine le divin éclat de la vertu. »

Henri Bergson a vu dans Plotin un penseur capital. Selon lui, avec l'émanationisme, celui-ci a compris le principe même de la transformation qui permet de passer de la matière à l'esprit. Lorsqu'on pose le nombre 10, dit-il, on pose implicitement toute la suite 9, 8, 7, etc. De sorte que l'on peut entrevoir le nombre 10 de deux façons. De façon qualitative, comme série, ou de façon quantitative, comme nombre dans une série. Il s'agit là de deux points de vue sur la même chose. Avec Plotin, on trouve l'équivalent. La matière et ses dégradations ou l'intelligence avec son unité sont les deux faces d'une même médaille. Quand on l'a compris, on devient à même de pouvoir percer l'énigme du temps qui lui aussi a deux faces. Une face changeante et une face permanente. Marcel Proust l'a manifestement compris, comme le montre son expérience de la mémoire découvrant l'unité du temps par-delà ses changements.

Profondeur de Plotin. Profondeur d'avoir su percevoir l'Un à travers le multiple. C'est la même réalité qui vit dans ce qui se matérialise comme dans ce qui se spiritualise. Profondeur aussi d'avoir su donner un sens maîtrisé de l'extase. On trouve l'Un qui sort de soi en sortant de nous-mêmes à notre tour. Toute saisie de l'Un est une extase, sortie de soi. La vie qui se spiritualise est une grande extase et l'extase une brève saisie de la vie.

Saint Paul et la philosophie

> « Les Juifs demandent des miracles et les Grecs cherchent la sagesse ; nous, nous prêchons Christ crucifié, scandale pour les Juifs et folie pour les païens, mais puissance de Dieu et sagesse de Dieu pour ceux qui sont appelés, tant Juifs que Grecs. Car la folie de Dieu est plus sage et la faiblesse de Dieu plus forte que les hommes. »
>
> Saint Paul, *Épître aux Corinthiens.*

L'esprit de l'Antiquité a connu deux profonds bouleversements. Le premier avec la transformation du mythe et l'apparition de la raison. Le second avec le surgissement de la révélation biblique et chrétienne face à la raison.

Révéler veut dire dévoiler quelque chose qui est caché. Par révélation, on entend en général l'idée selon laquelle le monde a été créé par Dieu.

Celui-ci ne s'est pas créé lui-même. Il n'est pas autosuffisant.

La révélation est toujours un phénomène personnel. On a une révélation quand, à l'occasion d'un événement important de la vie, on est amené à se dire que le monde ne peut pas se limiter à ce que l'on voit. Il doit y avoir quelque chose d'autre, comme une force cachée donnant sens à ce que l'on voit. On débouche alors sur la révélation biblique ou chrétienne. L'expérience personnelle se relie à une tradition historique. On touche là au troisième visage de la Révélation. Un visage culturel conjuguant la Bible et le christianisme.

La révélation est cependant également un phénomène culturel. À cet égard, on peut distinguer deux types de révélation : la révélation biblique et la révélation chrétienne.

La révélation biblique est celle que l'on trouve dans le judaïsme ainsi que dansl'islam. Fondamentalement, tout part du judaïsme. Celui-ci a révélé à l'histoire entière que le monde avait un commencement dans le temps. Ce qui était inimaginable pour l'Antiquité, qui trouvait logique de penser que la nature est une sorte de dynamisme éternel obéissant à des cycles. Avec la révélation, une autre image de la nature a vu le jour. La culture est passée de l'image d'une nature soumise à l'éternel retour de cycles cosmiques à l'image d'une nature soumise à l'irréversibilité du temps.

Un grand penseur contemporain, Emmanuel Levinas, qui a beaucoup médité sur le judaïsme, a bien caractérisé le génie propre d'Athènes et de Jérusalem. Athènes, dit-il, est incarnée par Ulysse qui rêve de revenir chez lui, et Jérusalem par Abraham, qui va vers la Terre promise sans se retourner. L'un veut abolir le temps. L'autre s'ouvre à l'avenir et à l'inconnu.

Les Grecs ont identifié le divin à la beauté du monde. D'où, chez eux, un sens très fort de l'esthétique. Le judaïsme a fait de Dieu un grand Autre. D'où, chez eux, un sens très fort de l'éthique. Kierkegaard a bien résumé ce qui peut accorder ces deux génies. La sagesse commence dans l'amour passionné de la vie qui recherche la beauté. Puis elle se poursuit dans la recherche d'un sens éthique de la vie en quête d'un sens avec autrui.

Appartenant à la révélation biblique, l'islam s'est attaché à revenir sur le caractère unique et inconnu de Dieu, au moment où le christianisme s'était déjà développé.

La révélation chrétienne diffère à propos d'un point majeur de la révélation juive, fondée sur la loi morale, et de la révélation musulmane, fondée sur la transcendance absolue de Dieu. Dieu n'est pas simplement le créateur du monde. Il est amour et s'est incarné en Jésus son fils. Admettre un tel Dieu est difficile. Cela demande non seulement de rompre avec l'idée d'une nature autosuffisante mais avec celle d'un Dieu tout-puissant, afin d'envisager un Dieu incarné. Ce qui heurte notre besoin d'autosuffisance et de toute-puissance. C'est la raison pour laquelle saint Paul s'est écrié : « Le Christ est une folie pour les sages. » Phrase qu'il faut bien comprendre. Dieu, pour le christianisme, est infini. À ce titre, rien ne lui est contraire. D'où son incarnation, témoignant que le visible n'est pas le contraire de l'invisible, mais sa limite. D'où la mort de Jésus sur la croix, montrant que Dieu va jusque dans les enfers de la mort. Dieu ne s'est pas incarné pour sauver le monde. Parce qu'il s'est incarné, jusqu'au bout il sauve le monde en témoignant que la vie est plus forte que la mort ainsi que la violence. Cela donne une autre image de Dieu. Dieu cesse d'être parfait parce qu'il est idéal. Il est parfait parce qu'il est réel. Un monde nouveau surgit de cette mutation de sens.

Saint Augustin et l'homme intérieur

« Ton Dieu n'est ni le ciel, ni la terre, ni aucune espèce de corps. Ton Dieu est pour toi la vie de ta vie. »

Saint Augustin, *Les Confessions.*

Il faut attendre le Vᵉ siècle apr. J.-C. pour voir surgir une grande synthèse entre la sagesse et la révélation. Auparavant, il est vrai, des penseurs ainsi que des Pères de l'Église ne se sont pas privés de montrer la compatibilité de ces deux sources. Sans aucun doute, Platon les a aidés. En mettant à la base de toute sa pensée l'idée du Bien, celui-ci a développé une vision morale propice à accueillir la révélation avec son mystère d'un Dieu autre dépassant la nature. Aristote également les a aidés, avec sa vision dynamique du monde, héritée des présocratiques, dans laquelle on voit un Dieu posé comme intelligence et comme désir tout animer en attirant tout à lui. Ainsi, Philon d'Alexandrie a bâti une grande synthèse entre la pensée grecque et la Bible hébraïque. De même, Clément d'Alexandrie, Origène ou Grégoire de Nysse ont vu dans la pensée antique une préparation annonçant la révélation chrétienne. Toutefois, il manque à ces rapprochements un lien intérieur afin de comprendre comment l'Antiquité a pu passer de la philosophie à la révélation. Ce lien, saint Augustin l'établit. En racontant dans *Les Confessions* comment il a rencontré le Christ à la suite d'une vie passionnée, comment il a lutté contre celui-ci, puis comment il s'est définitivement converti à lui, il ne propose plus un rapport à la vertu sous la forme d'un traité de la maîtrise de soi, comme le faisaient les Anciens, mais sous celle d'une aventure intérieure écrite à la première personne. Le monde a changé. La morale a pris figure humaine.

La démarche de saint Augustin est la démarche d'un homme qui lutte contre l'amour avant de réaliser que la vie n'a de sens que par lui. Par cette démarche, saint Augustin nous fait comprendre comment la révélation agit en l'homme de l'intérieur en le travaillant par un questionnement sur sa vie. Quelque chose guide l'homme vers l'amour. C'est en cela que saint Augustin est philosophe. En réalisant que Dieu aime les hommes et veut que les hommes aiment à leur tour, il met à jour le lien existant entre la pensée et l'amour. Il découvre que nous pensons parce qu'un amour se cherche en nous.

Afin d'illustrer son propos, saint Augustin réfléchit sur le temps. À première vue, celui-ci paraît être cet écoulement de la vie qui va du passé à l'avenir en passant par le présent. En fait, le temps est une réalité intérieure. Il y a le passé, le présent et l'avenir parce que nous sommes présents à tous ces moments sur le mode de la mémoire, de l'attention et de l'attente. Le temps n'est donc pas une chose, mais une « distension de l'âme ». Il est une réalité vivante que la conscience parcourt de part en part en s'étendant en lui, par la mémoire, la perception et l'imagination. Quand nous comprenons cela, nous réalisons ce que peut être l'amour. L'amour se cherche en nous tout comme l'âme se vit à travers le temps. Nous sommes parce que quelque chose veut se vivre en nous, tout comme le temps se déroule parce qu'une conscience le fait vivre.

Par cette analyse, nous comprenons mieux en quoi l'idée du temps issue d'un Dieu créateur du monde est importante. Les Anciens pensaient que le temps n'a pas d'être parce qu'il est éphémère. Saint Augustin découvre au contraire qu'il en a. Notre présence au temps par la conscience que nous en avons en est le signe. De l'intérieur de la vie donc, il est possible de transformer la vie, pourvu que nous aimions.

De la Cité-État à la Cité de Dieu

> « Deux amours ont fait deux cités : l'amour de soi jusqu'au mépris de Dieu la cité terrestre. L'amour de Dieu jusqu'au mépris de soi la cité céleste... »
>
> Saint Augustin, *La Cité de Dieu.*

À travers son analyse de la vie intérieure ainsi que du temps, saint Augustin fait deux découvertes remarquables. La première concerne la conscience. Pour douter de la conscience, encore faut-il être conscient. Bien avant Descartes, saint Augustin découvre le caractère irréductible de la conscience humaine en s'écriant dans *La Cité de Dieu* : « Si je me trompe, je suis. » Par ailleurs, bien avant Husserl et la phénoménologie, il découvre que le temps peut avoir une réalité vivante et ce à travers la présence de l'homme au temps. Toutefois, le génie d'Augustin ne s'arrête pas là. On trouve également chez lui des vues politiques profondes.

Au moment où il se convertit au christianisme, l'Empire romain est en train de s'effondrer. Alaric, roi des Wisigoths, et ses troupes pillent Rome en 409. Augustin est choqué. Comme toute l'époque. Il prend conscience qu'il faut sauver la civilisation.

Pour y parvenir, il se rend compte qu'il faut éviter deux erreurs. La première consiste à croire que la Cité des hommes peut se sauver par elle-même. Une telle idée repose sur de l'orgueil. Derrière des vues utopiques, elle ne peut conduire qu'à la tyrannie. Il convient donc de ne pas diviniser le politique. Le royaume n'est pas de ce monde. Il ne peut être qu'à venir. Quand on a la sagesse de le penser, on a un rapport ouvert au politique rappelant que la politique n'est pas tout. Quand, au contraire, on récuse une telle idée, on s'enferme dans le politique en attendant de celui-ci le salut de l'existence. Qu'il n'y ait pas de malentendu toutefois.

Ce n'est pas parce que le royaume n'est pas de ce monde qu'il ne faut rien faire. Au contraire ! Ne pas agir en attendant le royaume à venir voudrait dire que l'on peut laisser le monde tel qu'il est. Ce qui serait une autre façon de s'y enfermer et finalement de le glorifier. Quand on a compris que le royaume n'est pas de ce monde, on se met à agir pour transformer le monde en y introduisant pour commencer la fin de la violence et la paix, afin d'éviter la destruction de l'humanité par des conflits. L'idée que le royaume n'est pas de ce monde est la meilleure façon de démystifier tout pouvoir politique. Ce qui est nécessaire pour faire advenir un authentique royaume.

La foi se manifeste par les œuvres, est-il écrit dans les Évangiles. Toute la pensée de saint Augustin ne dit pas autre chose. Si la pensée est indispensable afin de comprendre que ni la nature ni le politique ne sont des domaines autosuffisants refermés sur eux-mêmes, c'est en agissant afin de faire naître un monde ouvert que l'idée d'ouverture acquiert du sens. Tant il est vrai qu'un sage se doit pour être sage non pas simplement de parler de la sagesse et de l'ouverture, mais d'être sage et ouvert par ses actions.

Si Platon a fondé la pensée antique en montrant à travers l'idéal de *La République* que l'homme et la Cité sont le centre résolutif de la dualité que l'on trouve entre l'être et le devenir, saint Augustin a accompli le parcours de cette même pensée antique en se saisissant de l'action de la sagesse afin de convertir celle-ci en sagesse de l'action. Par ce geste, il a fondé le génie de l'Occident qui réside dans l'action. Ce génie n'aurait sans doute pas existé s'il n'y avait pas eu des penseurs comme saint Augustin pour faire comprendre que la contemplation véritable débouche sur l'action.

La leçon des Anciens

« Comme la vie est grande quand on médite sur ses commencements. Méditer sur une origine n'est-ce pas rêver ? Et rêver sur une origine n'est-ce pas la dépasser ? […] nous dit le poète. »

Gaston Bachelard, *La Poétique de la rêverie.*

La philosophie antique a débuté au VIe siècle av. J.-C. avec les présocratiques et elle s'est achevée au Ve siècle apr. J.-C. avec saint Augustin. Mais s'est-elle vraiment achevée ? Si l'on pense qu'avec le Moyen Âge, la Renaissance et la modernité, de nouvelles questions sont nées, provoquant la naissance de nouveaux centres d'intérêt, oui, bien sûr. Les Anciens ne se sont pas posé un certain nombre de problèmes métaphysiques, scientifiques, politiques ou moraux que nous nous posons. Le contexte était autre. Est-ce à dire pour autant que leur pensée n'a plus que la valeur d'un bel objet de musée ? Non plus. S'ils ne se sont pas posé les mêmes problèmes que nous, ils ont été les premiers à poser les problèmes tout court en métaphysique, en sciences, en morale ou en politique. C'est la raison pour laquelle leur route croise la nôtre à chaque fois que nous faisons route nous-mêmes.

Ainsi, selon René Thom qui est mathématicien, rien n'est plus moderne que la vision du monde en devenir que l'on trouve chez Héraclite. Quant à Michel Serres, la vision atomiste du monde que l'on trouve chez Lucrèce ouvre sur une approche fluide de l'Univers qui est d'une rare actualité.

Après les tragédies totalitaires du nazisme et du stalinisme qui ont ensanglanté le XXe siècle, nous réalisons que le Mal n'est pas justifiable et qu'en aucun cas la fin ne saurait justifier les moyens. Platon, dans sa critique des sophistes et son idée du Bien n'ayant pas besoin du Mal pour être, l'avait déjà dit.

Comment comprendre ce trait singulier ? Cela veut-il dire que l'on n'invente jamais rien ? Nullement. Cela signifie seulement que découvrir n'est pas séparable du fait de redécouvrir. Inventer ne se fait pas à partir de rien. S'il est vrai qu'une origine sans avenir finit par être l'origine de rien et donc par se détruire comme origine, un avenir sans origine finit par devenir l'avenir de rien également et par se détruire comme avenir. Aussi y a-t-il une permanence de l'origine.

Heidegger en a été si convaincu qu'il n'a pas hésité à dire qu'il n'y avait jamais eu qu'une pensée : la pensée antique. La philosophie, a-t-il dit, est née avec Parménide et elle est morte avec Aristote.

Un tel propos pourra paraître choquant. N'est-il pas totalitaire de parler d'une seule philosophie et pessimiste de dire que l'unique philosophie existante est déjà passée ? Nullement. Quand on ne perd pas de vue que la philosophie antique a été avant tout la philosophie qui commence, il n'est pas exagéré de dire qu'il n'y a qu'une philosophie et qu'il n'y a jamais eu qu'une philosophie. Il ne peut y avoir en philosophie qu'une philosophie qui commence.

Pour parler de la philosophie afin de souligner que celle-ci doit être vive et alerte, Nietzsche a intitulé l'un de ses textes *Aurore*. De son côté, Gaston Bachelard aimait à dire que la poésie nous met en état de nouveauté. La véritable pensée agit de même. Penser c'est s'éveiller, et s'éveiller c'est être toujours neuf. C'est ce que les

Anciens ont compris. Ils sont les plus vieux de nos sages parce qu'ils sont les plus jeunes. Ils sont les plus jeunes parmi nos sages parce qu'ils sont les premiers à avoir voulu vivre éveillés.

II
LES PHILOSOPHES DU MOYEN ÂGE ET DE LA RENAISSANCE

La rencontre des trois monothéismes

Abraham, Platon et la question du Dieu Un

« L'homme doit être un en lui-même. Et cet un, il faut qu'il aille le chercher en lui-même et dans l'Un, et il faut qu'il le reçoive dans l'Un. Aussi faut-il qu'il ne contemple que Dieu seul. Celui que notre Seigneur appelle "homme noble", le prophète l'appelle "grand aigle". Est-il quelqu'un de plus noble que celui qui est né, d'une part de ce qu'il y a de plus haut et de meilleur dans la créature et, d'autre part, du tréfonds de la nature et de sa solitude ? Notre Seigneur a dit par la voix du prophète Osée : "Je conduirai la noble âme dans un désert et là, je parlerai à son cœur. L'un avec l'Un, l'Un de l'Un, l'Un dans l'Un, et, dans l'Un, éternellement Un."»

Maître Eckart, *Traité de l'homme noble.*

L'humanité a connu et connaît encore diverses formes de religions. Le point commun entre celles-ci réside dans l'idée qu'il existe une « vie » qui dépasse l'homme. Comme on dit, il y a « quelque chose ». En disant cela, on sous-entend qu'il y a quelque chose de plus fort que la mort. De plus fort aussi que le vide et le néant.

Même si les religions ont en commun l'intuition qu'il existe une force supérieure, toutes ne traduisent pas ce sentiment de la même façon. Les Grecs, qui ont dominé l'Antiquité, et à leur suite les Romains étaient polythéistes. Ils croyaient qu'il existait non pas un dieu, mais des dieux. Ainsi vénéraient-ils Zeus le dieu de la foudre, Poséidon le dieu de la mer, Artémis la déesse des forêts et de la chasse, Athéna la déesse de la sagesse…

Cette pluralité de dieux a donné naissance au polythéisme. Si celui-ci est une façon vivante de concevoir le divin en établissant une relation entre chaque aspect de la vie et le monde des dieux, on peut s'interroger. N'est-ce pas une façon trop terrestre, trop humaine, d'envisager ce qui dépasse l'homme ? Et si Dieu avait un autre visage ?

Xénophane, qui fut le maître de Parménide, l'un des premiers penseurs de l'Antiquité, n'hésita pas à s'insurger contre la mythologie polythéiste, dans laquelle il n'y avait selon lui qu'une projection des passions de l'homme.

Platon de son côté soutiendra que tout n'est pas divin. Dieu n'a pas toutes les formes. Si c'était le cas, il serait tout et n'importe quoi. Par la réflexion, Xénophane et Platon sont parvenus à l'idée que Dieu n'est pas multiple mais Un. Bien avant eux, en Israël, des prophètes comme Abraham, Moïse, Élie l'avaient déjà dit. À la différence près que leur parcours ne fut pas le même.

Ce n'est pas par la raison que ces trois prophètes se sont élevés à l'Un, mais par une double expérience. La première est humaine et morale. Qui dit multiple dit division, dispersion, violence. Les forces de mort sont toujours des forces de division, d'éclatement, de dispersion. Les forces de vie sont des forces de rassemblement. Il va de ce fait dans le sens de la vie de supposer que la vie et son fondement participent de l'Un et non du multiple.

La seconde expérience qui plaide en faveur de l'Un est proprement « divine » et religieuse. Elle vient de Dieu. L'Un est l'autre nom de Dieu pour celui qui fait l'expérience de Dieu. Qui s'unit à Dieu éprouve – à travers une expérience d'intense harmonie – que Dieu se révèle comme celui qui ne place pas d'autre intermédiaire que lui entre l'homme et lui. Dieu s'enseigne divinement. Il vient de Dieu et s'apprend par Dieu. En Dieu. C'est ce que signifie l'Un.

Tout comme c'est en aimant que l'on apprend à aimer, c'est divinement que l'on accède à Dieu. Les hommes sont tentés de vouloir échapper à cette exigence de l'Un en cherchant à parvenir à l'amour sans amour et à Dieu sans Dieu. La révélation monothéiste rappelle que c'est là une chose impossible. Les prophètes d'Israël, par le passé, ont été les premiers à l'annoncer à l'humanité. Il faut quitter la violence qui est division.

Tout n'est pas Dieu. On ne peut pas décréter que ce qui nous plaît est Dieu. Ce dernier transcende l'arbitraire de notre imagination. Il faut distinguer l'idole de la révélation. L'idole est un Dieu que l'on se forge. Un Dieu conforme aux fantasmes que l'on nourrit. Dieu est autre chose. Il est une puissance de vie qui se révèle à nous en nous donnant la vie. On a là le sens du monothéisme. Dieu ne s'apprend que par Dieu au sein de la vie en Dieu et non par l'idole, fantasme né de l'imaginaire humain.

Rashi et la lumière de la Torah

« La Torah n'est ni un livre scientifique ni un livre d'histoire. Son but n'est pas de dire la réalité et l'on ne peut d'ailleurs pas lui en faire le reproche. En fait, elle nous raconte comment l'Hébreu a perçu la réalité et comment il a essayé de la signifier selon un ordre supérieur à celui de la causalité objective. Il nous faut apprendre à distinguer l'ordre du savoir et de ses catégories, de l'ordre de la révélation. La science ne révèle rien, elle découvre. La Torah, elle, ne découvre rien, elle révèle. »

Armand Abecassis, *À Bible ouverte.*

La philosophie du Moyen Âge s'est alimentée à la source de la philosophie « païenne » grecque et romaine, à qui elle a emprunté son sens de la foi et de la transcendance. Si le judaïsme a été la première religion à proclamer le monothéisme, ses rapports avec la pensée médiévale demeurent cependant complexes. Il faudra du temps pour que la grande pensée juive soit reconnue.

On peut séparer l'histoire du judaïsme au Moyen Âge en deux temps.

Du Ier siècle au Xe siècle se déroule la période dite judéo-babylonienne. Le judaïsme, présent d'abord en Palestine, est chassé de celle-ci à la suite de la destruction du second temple de Jérusalem (en 69) par les troupes de l'empereur romain Titus. Il se réfugie alors dans la péninsule arabique ainsi qu'à Babylone. Durant cette période, des maîtres de sagesse, des rabbins, commentent les livres saints de la Bible, qui forment les livres de la Loi. Ces commentaires riches et denses donnent naissance au Talmud, dont la rédaction se déroule entre 200 et 500.

La seconde grande période du judaïsme est la période dite « espagnole ».

En effet, les communautés juives n'ont pas été que vers l'Orient. Elles se sont installées en Afrique du Nord, avant de gagner l'Espagne et le sud de la France. Là, elles ont prospéré, et durant cette période elles ont vu surgir des esprits brillants et profonds, tels Ibn Gabirol, Rashi – qui vécut à Troyes où il laissa de célèbres commentaires connus sous le nom de *Commentaires de Rashi* –, Judah Halevi,

Maimonide – qui vécut au Caire –, Abraham Aboulafia et enfin Moïse de León, à qui l'on doit, autour de 1280, la rédaction d'un grand traité mystique, le Zohar, dit « livre de la splendeur ».

Lointaine parce que venue d'Orient et d'Afrique du Nord, c'est tardivement que la pensée rabbinique vient féconder la pensée occidentale. Mais son influence ne s'en fait pas moins sentir, car celle-ci révèle au monde l'importance, à travers la Bible, de la Loi. Par loi, nous entendons une règle inventée par les hommes pour sauvegarder leurs intérêts au sein de la société. Pour le judaïsme, il s'agit d'autre chose. La Loi renvoie aux cinq premiers livres de la Bible (Genèse, Exode, Lévitique, Nombres, Deutéronome) qui forment ce que l'on appelle le Pentateuque et qui relatent, à travers l'histoire d'Israël, comment l'humanité est liée à ce plan supérieur de l'existence qu'est le plan divin. Autrement dit, la Loi est une règle de vie et non une règle sociale, développée dans un livre qui n'est pas un code mais une histoire et plus encore, mais une histoire sacrée. Au-delà du plan horizontal des événements matériels de la vie humaine, il existe un plan vertical d'événements spirituels reliant l'humanité à un ordre supérieur. Ce plan supérieur se révèle aux hommes, pour peu que ceux-ci apprennent à déchiffrer les messages qui viennent d'en haut tout au long de la vie. Se régler sur ce plan supérieur en ouvrant l'œil secret que tout homme possède dans son cœur, tel est le sens de la Loi. Celle-ci est un règlement de la vie des hommes, non pas par rapport aux hommes mais par rapport à Dieu.

Moïse de León et le Zohar

« Le monde physique dans lequel nous vivons, l'univers que nous pouvons observer objectivement autour de nous : tout cela n'est qu'une faible partie d'un système de mondes si vaste que l'esprit humain ne saurait le concevoir. La plupart de ces mondes sont d'essence spirituelle et renvoient à une autre catégorie de l'être que celle que nous connaissons. Il y a une telle interpénétration, une telle interaction entre ces différents mondes que chacun peut être considéré comme la contrepartie de l'autre. C'est la somme de ces échanges infiniment complexes et d'influences réciproques entre différents domaines qui modèle la réalité spécifique que nous expérimentons dans la vie quotidienne. »

Adin Steinsaltz, *La Rose aux treize pétales.*

Le judaïsme est une religion du livre. Chose que l'on comprend souvent mal, en croyant qu'il s'agit d'adorer un livre. En fait, le lien du judaïsme avec le livre renvoie au lien plus profond qui unit Dieu, la vie et le langage. Le langage est lié à la vie. Quand la vie est vivante, elle est parlante. Elle est pleine de sens. Aussi n'est-il pas exagéré de dire que la vie est parole et que la parole est vie. En outre, quand on aime quelqu'un et que l'on s'intéresse à lui, on ne cesse de découvrir en lui toutes sortes de choses. Toutes sortes de richesses qui en font un être plein de sens. On comprend, de ce fait, pourquoi le livre importe pour le judaïsme. Comme l'amour, la Bible est pleine de sens. Plus qu'un livre, celle-ci est une manifestation de l'essence de la vie comme parole. Si bien que lire la Bible afin d'en comprendre le sens est un acte d'amour à l'égard de la vie qui est langage. N'hésitons pas à le dire. Pour le judaïsme, tout est Bible. La vie et la Bible sont équivalentes. D'où le caractère profond de toute lecture. Lire pour le judaïsme, c'est participer en profondeur à une expérience existentielle d'unité intime avec l'essence même de la vie.

Au cours des siècles, la pratique de la lecture s'est transmise de génération en génération et à travers elle, l'état d'esprit consistant à voir la vie comme parole. Cette tradition, d'abord orale, est devenue écrite et a donné naissance à deux grands courants de commentaires, le Talmud et la Cabale.

Si le Talmud s'adresse à l'homme concret, rationnel, cherchant à vivre dans le monde manifesté, la Cabale, elle, s'adresse à l'homme mystique cherchant à connaître l'invisible qui se trouve derrière le manifesté. Composée selon la légende par Rabbi Siméon Bar Yochai au IIe siècle et, plus probablement, par Moïse de León, la Cabale a été décriée comme étant un fatras de divagations obscures et irrationnelles. En fait, il y a en elle une logique plus profonde qu'on ne le pense, qui va influencer souterrainement la Renaissance ainsi que le romantisme.

Dieu est infini. Il est « en soi », souligne la Cabale. C'est la raison pour laquelle, envisagé d'un point de vue humain, il est en n'étant pas. D'où son aspect caché, insondable, mystérieux. Mais aussi son caractère symbolique puisque, étant toujours autre, toujours au-delà, il est à l'image du signe qui renvoie à autre chose. Tout est secret en Dieu, parce que tout en lui échappe à toute prise. Et simultanément tout est signe, tout est langage en lui, du fait même de ce renvoi de la nature divine à autre chose, à un au-delà, à travers un mouvement de dépassement continuel. Pour traduire cette dynamique divine, la Cabale a utilisé l'image de l'arbre. L'arbre n'est-il pas en effet, en se déployant simultanément dans la terre et dans le ciel comme il le fait, l'image même du dynamisme incarné de la vie ? Ne nous montre-t-il pas comment, en outre, la vie devient multiple tout en restant une, grâce à un mouvement d'arborescence ? Toute la vie n'est-elle pas à l'image d'un tel arbre ? En partant de la structure de l'arbre, la Cabale a développé une science des correspondances destinée à faire percevoir – à travers les liens secrets des choses entre elles sur le plan horizontal – les liens du plan horizontal avec le plan vertical de Dieu. Tout le Moyen Âge ainsi que la Renaissance méditeront cet enseignement.

Maimonide et le *Guide des Égarés*

« Sache, lecteur, que le point sur lequel s'accordent notre doctrine religieuse et la philosophie grecque, c'est que toutes les actions de l'homme relèvent de lui-même, qu'aucune nécessité ne pèse sur lui, qu'aucune force étrangère ne l'oblige à tendre vers une vertu ou vers un vice. Si l'homme était contraint dans ses actions, les commandements et les défenses de la loi divine deviendraient sans objet, et toute la législation mosaïque deviendrait vaine, l'homme ne possédant pas le libre choix de ses actions. »

Maimonide, *Traité des huit chapitres.*

Le Talmud et la Cabale sont des commentaires de la Bible qui, de l'intérieur du judaïsme, ont tenté de « penser » le judaïsme sans apports extérieurs. Tous les courants de la pensée juive n'ont pas suivi cette démarche. Certains d'entre eux ont pensé le judaïsme en recourant à des apports extérieurs. C'est le cas de Maimonide, surnommé le « Moïse de l'Égypte », qui a tenté de montrer la compatibilité de Dieu et de la raison en mettant en relation le judaïsme et la pensée d'Aristote. En cela, il faut le dire, Maimonide illustre bien la préoccupation qui fut celle du Moyen Âge : réconcilier Athènes (la raison) et Jérusalem (la foi).

Le problème des rapports entre foi et raison s'est posé pour la première fois à Bagdad au IXe siècle, lorsque des théologiens musulmans se sont demandé si l'on pouvait accorder ensemble le Coran et Aristote. Les tenants de la stricte orthodoxie religieuse (*kalam* en arabe) ont répondu non. Les défenseurs de la philosophie (*falsafa*) en revanche ont répondu oui. D'où une vive opposition entre ces deux courants. Opposition qui a traversé l'islam, avant de gagner le judaïsme puis le christianisme pour donner naissance aux grandes controverses du XIIIe siècle. Pour les défenseurs de la foi, si l'on est un croyant authentique, on doit croire et non raisonner. On doit croire, en particulier, que Dieu – bien sûr – existe, qu'il a créé le monde, qu'il peut faire des miracles et qu'il a établi une loi morale, à laquelle il importe que l'on obéisse sans discuter. Pour les tenants de la pensée philosophique, l'idée de création est obscure.

Comment le monde pourrait-il surgir de rien ? En outre les miracles, aussi, sont obscurs. Comment une guérison dans la nature pourrait-elle ne pas venir de la nature ? Enfin, s'agissant de l'obéissance, ne faut-il pas, pour croire, comprendre ce en quoi l'on croit ?

Face à ces questions, Maimonide va apporter une réponse originale en tenant compte d'un fait majeur : la politique. La religion est à la base de la vie politique au Moyen Âge. Comment défendre la liberté de la pensée sans donner l'impression que l'on attaque la religion ? C'est à ce défi qu'il faut répondre. Et Maimonide de répondre en utilisant une argumentation habile. Dieu est au-delà de toute intelligence, dit-il. Aussi ne saurait-on le comprendre. Toutefois, si l'homme n'avait pas de liberté ni d'intelligence, son obéissance à la loi divine n'aurait aucun sens. C'est parce qu'il obéit librement à Dieu et en toute intelligence que l'obéissance à celui-ci a du sens.

La religion n'interdit pas la philosophie. Au contraire, elle la réclame. Témoin l'obéissance que l'on doit à Dieu qui se doit d'être intelligente et volontaire. Tous les problèmes sont-ils levés pour autant ? En apparence oui. En profondeur non. Pourquoi ? Parce que si Dieu veut l'intelligence, n'est-ce pas le signe qu'il existe un ordre de l'intelligence compatible avec l'obéissance qui n'a rien à voir avec ce que nous appelons intelligence ? Et si l'obéissance est compatible avec l'intelligence, n'est-ce pas un autre signe qu'il existe un ordre de la foi qui n'a rien à voir avec ce que nous appelons foi ? Maimonide a cru en un ordre caché des choses. D'où son style obscur. Afin de montrer en cachant et de cacher en montrant.

Mohammed et le Coran

« Il n'y a point d'autres dieux que lui, le Vivant. Il t'a envoyé le livre contenant la vérité et qui confirme les Écritures qui l'ont précédé. Avant lui, il fit descendre le Pentateuque et l'Évangile, pour servir de direction aux hommes. Il a fait descendre le livre de la Distinction. C'est lui qui t'a envoyé le livre. Parmi les versets qui le composent, les uns sont fermement établis et contiennent les préceptes, ils sont la base du livre ; les autres sont allégoriques. Ceux qui ont du penchant à l'erreur dans leurs cœurs s'attachent aux allégories par amour de la division ; mais Dieu seul en connaît l'interprétation. Les hommes consommés dans la science diront : "Nous croyons au Livre, tout ce qu'il renferme vient de Dieu." Les hommes sensés réfléchissent. »

Le Coran, Sourate III.

Outre la Bible, le Coran est le second grand livre des religions du livre. Cet ouvrage, nous rappelle l'islam, est un livre écrit par Dieu et non par un homme. Mohammed, le prophète, ayant composé celui-ci dans un état d'extase mystique.

L'islam, nous est-il encore rappelé, repose sur une affirmation fondamentale, que tout croyant se doit de mettre en application dans sa vie et qui se résume par cette célèbre formule : « Il n'y a qu'un seul Dieu et Mohammed est son prophète » (en arabe, « *lâ ilâha illâ Llâh, wa Muhammad Rasûlu Llâh !* »). Cette formule signifie d'abord, à travers la confession d'un Dieu unique, le refus de l'idolâtrie. Dieu est au-dessus de l'homme. Il n'est pas une chose parmi d'autres. Une chose relative, appartenant au multiple. Face à lui, l'homme ne peut donc que s'incliner et se prosterner en se soumettant. D'où le nom d'islam qui signifie « soumission ». Obéissance, c'est-à-dire obéissance au fait que Dieu est une réalité infiniment au-dessus de l'homme. Par ailleurs, la déclaration de la foi au nom du prophète signifie, outre un engagement envers le prophète, le refus d'une religion abstraite sans envoyés. Dieu ne parle pas à travers la nature. Il n'emprunte pas tout et n'importe quoi comme véhicule. Il a des émissaires privilégiés. Il a choisi un homme parmi les hommes pour diffuser son message. Signe d'élection de l'humanité.

À côté de cette signification externe, l'islam possède une signification interne. Celle-ci s'articule autour de trois notions : la foi (*al-imân*), la soumission à la Loi (*al-islâm*) et la vertu (*al-ihsân*). La foi consiste dans l'admission du fait qu'il existe un plan de l'existence qui est absolu. En ce sens, la foi n'est pas une obéissance aveugle mais l'élévation de la conscience à un autre plan de l'existence. Un plan spirituel et invisible, dispensant d'autres lumières que les lumières de la simple intelligence humaine. La Loi, de son côté, consiste dans la soumission à Dieu. Se soumettre, ce n'est pas devenir un esclave mais plutôt un bâtisseur. Un bâtisseur de ponts entre le créé et l'incréé. Ainsi, quand un homme se soumet à Dieu en devenant un tel pont, il produit un équilibre entre l'humain et le divin. Entre le ciel et la terre. D'où le sens du prophète comme médiation entre deux mondes. Enfin, l'islam repose sur la vertu, qui n'est pas simplement une attitude morale de bonne conduite et de maîtrise de soi, mais de mémoire de Dieu à travers la prière, réunissant en elle la foi et la Loi.

C'est donc toute une métaphysique que l'on trouve dans l'islam. Toute une vision du monde renvoyant à un plan supérieur de l'existence. Philosophiquement, cette vision a eu des conséquences décisives. La principale d'entre elles consistant dans un prolongement religieux donné aux méditations des néoplatoniciens, tel Plotin sur l'Un. Ainsi le néoplatonisme persan, illustré par Ibn 'Arabi, le grand mystique soufi, va appliquer la doctrine émanatiste de Plotin à Dieu, en voyant dans ce dernier une puissance créatrice illuminante qui ne cesse d'informer le monde, à la manière d'un soleil irradiant son énergie et rayonnant sa lumière autour de lui. D'où la possibilité offerte à l'homme de revenir vers cet Un primordial, en pratiquant dans sa vie une forme d'unité.

Averroès et l'énigme de la création

« Les opinions des théologiens ne sont pas conformes au texte de la Révélation. Car, si l'on procède à l'examen de celui-ci, d'après les versets qui nous montrent la façon dont Dieu a fait être le monde, on aperçoit que si la forme du monde a effectivement été créée, en revanche, l'être même du monde ainsi que le temps sont sans fin. Car, de fait l'énoncé divin : "C'est lui qui a créé les cieux et la terre en six jours. Son trône était sur l'eau" stipule que quelque chose a été avant cette existence-ci, ce quelque chose étant désigné par le trône et l'eau. »

Averroès, *Discours décisif.*

Si le judaïsme a été préoccupé, à travers Maimonide, par l'unité de la raison et de la foi, ce problème a également traversé l'islam où il avait d'ailleurs pris naissance. En effet, c'est à

Bagdad au IXe siècle que les théologiens vont se pencher sur cette question. Averroès lui donnera une solution en élaborant une vaste synthèse entre la théologie islamique et Aristote. Synthèse dont le retentissement sera considérable tout au long du XIIIe siècle.

Comme Maimonide, Averroès est un ami de la philosophie et de la raison. Aussi est-il gêné par l'idée de création. Pour qu'il y ait commencement, ne faut-il pas qu'il y ait quelque chose qui permette de commencer ? S'il n'y a rien, comment parler d'un commencement puisque tout commencement implique un avant et un après ? En outre, que veut dire rien ? Dieu a-t-il créé le monde une fois pour toutes, en se retirant de sa création pour laisser celle-ci à elle-même ? Peut-on concevoir un créateur qui ne s'occupe plus de sa création ?

À ces interrogations sur la nature se joignent des interrogations sur l'homme. Que veut dire, par exemple, « l'homme pense » ? Pense-t-on jamais par soi ? À partir de rien ? Par une sorte de création ? Ne faut-il pas qu'il y ait une pensée déjà là pour que l'on puisse penser ? Une pensée qui fasse penser et qui conserve en même temps la pensée ?

Ces questions pleines de logique et de bon sens vont susciter de vives polémiques lorsque l'averroïsme gagnera en influence chez les philosophes et les théologiens chrétiens. Au point d'ailleurs que l'averroïsme sera condamné en 1277 par l'évêque Étienne Tempier. Que lui reproche-t-on ? De contenir des propositions contraires à la foi. Ne risque-t-on pas en effet de supprimer Dieu en pensant que la nature est éternelle ? Et de supprimer par la même occasion la liberté de la personne humaine en soupçonnant le fait que l'homme pense par lui-même ?

Nullement, souligne Averroès en répondant à ces objections. Dire que la nature est éternelle, cela veut dire que Dieu est éternellement agissant dans une nature qui est de toute éternité en Dieu. Par éternité de la nature, il faut donc entendre la proximité de Dieu et de la nature.

Quant à la doctrine de l'unité de l'intellect, l'idée d'une âme une et indépendante des hommes ne condamne pas leur individualité mais, au contraire, la fonde. En fait, qu'il s'agisse de la nature comme de l'homme, Averroès n'a jamais cru que l'on puisse partir de rien. On part toujours de quelque chose. D'un être déjà là, donné en quelque sorte en héritage. Au XIIIe siècle, des penseurs comme Siger de Brabant, ou Moïse de Narbonne au XIVe siècle, lui emboîteront le pas. La polémique déclenchée par l'averroïsme au Moyen Âge a été extrêmement vive, puisque être traité d'averroïste revenait presque à une insulte. Les théologiens voyant dans l'averroïsme une théorie de la nature satisfaisant la raison en faisant l'économie de Dieu. D'où, pour la postérité, l'image d'Averroès comme étant le premier grand rationaliste des temps modernes, défenseur de l'idée d'une nature autonome.

Avicenne et le mystère des anges

« Le premier Principe est un et vrai, dans la suprême majesté. Nous montrerons ce que signifie qu'il sait, qu'il peut, qu'il est généreux, qu'il est Paix, c'est-à-dire bien pur, aimé pour lui-même. Puis nous montrerons comment est sa relation aux créatures qui viennent de lui et quelle est la première chose qui vient de lui. Ensuite comment à partir de lui s'échelonnent les choses créées, en commençant par les substances angéliques intelligibles, puis les substances intelligibles animées, puis les substances des corps célestes, puis les éléments, les choses qui sont engendrées à partir d'eux et enfin l'homme. »

Avicenne, *La Métaphysique du Shifa'.*

Le Moyen Âge a été fortement marqué par la grande synthèse opérée par Averroès entre la religion et Aristote. Tout le Moyen Âge cependant n'a pas suivi Averroès et sa démarche rationnelle.

Une partie de celui-ci a choisi une autre voie. Une voie plus mystique avec Avicenne. Médecin, profondément influencé par Aristote dont il ne cessera de commenter la métaphysique, Avicenne va infléchir celle-ci dans un sens plus spirituel et plus platonicien, comme en témoigne sa propre métaphysique contenue dans son œuvre majeure, le *Livre de la Guérison* (*El Shifa*). Une modification faite sur deux points : le sens qu'il convient de donner à l'intelligence et celui qu'il convient de conférer à la qualité.

S'agissant de l'intelligence, Avicenne reprend l'idée que l'on trouve déjà chez les Grecs, à savoir qu'il existe une indépendance de l'intelligence. Platon a montré en effet qu'il existe une indépendance des formes et en particulier des formes mathématiques. Sans les formes indépendantes de la matière, le monde ne serait pas informé et par là même formé. De son côté, Aristote a montré qu'il existe une cause première intelligente, capable de se penser elle-même et d'être ainsi pleinement en acte, pleinement libre donc par différence avec les autres êtres qui, n'étant pas pleine pensée, pure intelligence, ne possèdent pas une telle liberté. Avicenne conserve ces acquis. Toutefois il les modifie en les radicalisant. L'intelligence divine, souligne-t-il, est un intellect séparé. L'intelligence humaine aussi. Cela signifie que tout en étant intelligentes, l'intelligence divine comme l'intelligence humaine échappent à l'intelligence. Elles ont en elles quelque chose d'irréductible qui fait toute leur originalité. Elles sont des âmes et pas seulement des intelligences. Des âmes auxquelles on accède en devenant soi-même une âme par une œuvre intérieure, mystique.

Cette irréductibilité que l'on trouve dans l'âme existe aussi dans les choses. Prenons un cheval, par exemple. Qu'est-ce qui fait sa spécificité ? Le caractère général du cheval que l'on retrouve dans le genre cheval ? Non. Pas simplement. Le caractère particulier alors de tel cheval ? Non plus. Pas seulement également. Quoi alors ? Le cheval, répond Avicenne, réside dans la façon propre au cheval d'être un cheval. Dans sa « chevalinité ».

Réponse lumineuse. Pourquoi ? Parce qu'en répondant ainsi, Avicenne découvre entre le général et le particulier qu'il existe de l'universel. L'universel est ce qui n'est ni particulier ni général, en raison de son appartenance non pas à l'abstrait mais au vivant. Un objet d'art est universel. Il nous concerne tous, personnellement et collectivement à la fois. Avicenne l'a compris. Avant la phénoménologie, cette science de l'existence, il a découvert l'irréductible qui fait le sens de toute existence. D'où sa conclusion : c'est l'âme qui guide le monde. L'âme qui est la voix secrète qui parle en nous, dans le monde, comme un ange parle.

Ainsi l'ordre de la vie est-il un ordre de l'âme. Un ordre angélique, auquel on accède en entreprenant un voyage initiatique à l'intérieur de soi et à l'intérieur du monde, afin de retrouver l'âme perdue, tant de soi-même qu'au monde.

Le Christ
et l'idée d'un Dieu trinitaire

« Au commencement était la Parole, et la Parole était avec Dieu, et la Parole était Dieu. Elle était au commencement avec Dieu. Toutes choses ont été faites par elle, et rien de ce qui a été fait n'a été fait sans elle. En elle était la vie, et la vie était la lumière des hommes. La lumière luit dans les ténèbres, et les ténèbres ne l'ont point reçue. Mais à tous ceux qui l'ont reçue, à ceux qui croient en son nom, elle a donné le pouvoir de devenir enfants de Dieu, lesquels sont nés, non du sang, ni de la volonté de la chair, ni de la volonté de l'homme, mais de Dieu. »

Évangile selon l'apôtre Jean, *Prologue.*

Le christianisme est la troisième des grandes religions du livre. Si, comme le judaïsme et l'islam, celui-ci se rattache à la Bible et, derrière la Bible, à la vision d'un Dieu qui, loin d'être muet, parle à l'humanité, il n'en diffère pas moins du judaïsme et de l'islam sur un point capital : le Christ. Pour le christianisme, le Christ est le messie attendu par le judaïsme. Et il n'est pas, comme le pense l'islam, un prophète – le plus grand parmi les prophètes, après Mahomet – mais bien le fils de Dieu.

On a du mal à l'imaginer, mais l'idée du Christ a choqué l'Antiquité. Et ce, pour deux raisons essentielles. La première est illustrée par le reproche adressé au christianisme par le judaïsme. Comment peut-on penser un seul instant que Dieu ait pu s'incarner en devenant un homme ? N'est-ce pas idolâtrer un homme que d'en faire le fils de Dieu et, à travers cette notion de fils de Dieu, Dieu lui-même ? En outre, comment peut-on concevoir un Dieu en trois personnes, c'est-à-dire, comme le souligne le christianisme, un Dieu qui est tri-unité, parce qu'il est la plénitude de l'Un qui engendre l'Un dans l'Un ? N'est-ce pas là diviser Dieu et faire retour au polythéisme ?

En fait, le judaïsme et l'islam se sont demandé (pour des raisons différentes) si le christianisme n'était pas une régression par rapport au message des prophètes. S'il n'a pas altéré la notion de transcendance de Dieu par une approche trop humaine, ramenant Dieu à quelque chose de mondain.

Le christianisme a tenté de répondre à ces objections en soulignant que les critiques formulées par le judaïsme comme par l'islam seraient fondées s'il se proposait d'être une humanisation de Dieu ou bien une divinisation de l'homme. Or tel n'est pas le cas. Pourquoi ? Avant tout, l'incarnation ne signifie pas que Dieu qui était dans le ciel revient sur terre. Elle signifie au contraire que Dieu possède un visage inouï. Il peut tout être. Y compris être un homme. L'homme visible n'est donc pas le contraire de Dieu qui est invisible. L'homme visible est l'invisible en acte. L'homme visible est la possibilité inouïe de l'invisible.

Quant à la Trinité, elle ne signifie pas une division de Dieu, mais au contraire un approfondissement du sens de son unité. Approfondissement lui aussi extraordinaire. L'Un étant harmonie et dans cette harmonie amour infini, l'Un est nécessairement harmonie avec lui-même. Aussi est-il unité manifestée sous la forme de l'amour, et non unité non manifestée sous la forme d'un principe abstrait. À cet égard, il est possible de comprendre en quoi l'unité primordiale (le Père) se réalise dans l'amour manifesté (l'unité vivante de l'Un avec lui-même, le Fils). Le Fils étant amour, il est comme l'unité vivante du Père, amour vivant, c'est-à-dire amour un. Donc un avec l'Un. Comment ? Sous la forme d'un retour vers l'Un. Ou plutôt d'une manière d'être un en étant dans l'Un (caractère de l'Esprit). D'où cette conclusion paradoxale, quand on est vraiment Un on est trois. Pourquoi ? Parce que le trois est l'expression vivante de l'Un qui se manifeste dans l'amour et de l'amour qui se manifeste dans l'esprit.

Le christianisme a développé l'idée d'un Dieu trinitaire parce qu'il est allé au bout du sens de l'Un. L'Un est vivant, inouï. Comme un soleil où la source, le rayon et l'éclat de la lumière sont trois tout en étant un.

Grégoire de Nysse et la théologie négative

« Dieu, lorsqu'il s'entretenait avec Moïse n'a pas dit : "Je suis l'essence", mais "Je suis celui qui est" (Exode III, 14). Ce n'est donc pas Celui qui est qui provient de l'essence, mais l'essence qui provient de Celui qui est, car Celui qui est embrasse en lui-même l'Être tout entier. »

Saint Grégoire Palamas,
Triade pour la défense des saints hésychastes.

Durant la dernière période de son histoire aux IIIe et IVe siècles apr. J.-C., l'Empire romain s'est divisé en un empire romain d'Occident incarné par Rome et un empire romain d'Orient incarné par Byzance.

Lorsque le christianisme est apparu, cette division politique s'est peu à peu doublée d'une division religieuse qui va devenir radicale, à l'occasion de divergences théologiques à propos de la Trinité.

Tout commence avec le concile de Nicée en 325 apr. J.-C. Lors de ce concile, les évêques élaborent le Credo appelé aussi « le symbole de Nicée », qui récapitule la foi que confessent les chrétiens. Dans le Credo qui est ainsi élaboré à Nicée, on peut lire à un moment ceci : « Je crois au Saint-Esprit, seigneur, qui procède du Père, qui avec le Père et le Fils est conjointement adoré et glorifié… » Dans cette version, le Saint-Esprit est posé comme procédant du Père et de lui exclusivement. En 587 cependant, puis sous Charlemagne en 792, cette version est modifiée puisqu'elle devient : « Je crois au Saint-Esprit qui procède du Père et du Fils [en latin *Filioque*]… » Le Saint-Esprit est posé comme procédant du Père et du Fils et non pas du Père exclusivement. Changement sans conséquences ? Nullement, répondent les évêques de Byzance qui dénoncent cette modification.

Leur critique repose sur l'analyse suivante. Si le Saint-Esprit procède du Père et du Fils et non du Père exclusivement, cela veut dire que le Saint-Esprit ne procède plus de la personne du Père, mais de la nature commune au Père et au Fils, en l'occurrence la divinité. Le Saint-Esprit dépend donc d'une essence et non plus d'une personne. D'où deux dangers.

Le premier est de faire de la Trinité quelque chose d'abstrait. Un système dominé par une logique. Un ordre. Une sorte de nature des choses dominant tout. Ce qui est une erreur. Dieu n'est pas Dieu en vertu d'une essence, d'une nature divine. Il est Dieu parce qu'il est une personne qui est et qui aime. En outre, à côté du risque d'abstraction, il y a un danger lié au pouvoir. Faire dépendre ainsi l'Esprit-Saint d'une essence, c'est prendre le risque d'introduire une hiérarchie dans l'ordre trinitaire, privant l'Esprit-Saint de toute liberté ; l'Esprit devenant ce qui est édicté conformément à une essence au lieu d'être le rayonnement lié à une personne.

En refusant de faire procéder le Saint-Esprit du Père et du Fils (*Filioque*), les évêques de Byzance ont voulu insister sur le sens de la personne et de son rayonnement, en se méfiant de toute idée de nature ou d'essence. Cette mise au point des évêques d'Orient n'a pas été sans conséquences. Elle s'est traduite par un rapport distinct à la théologie et à la philosophie. Soucieux de préserver le sens de la personne, l'Orient chrétien ne va pas développer une théologie rationnelle comme l'Occident va le faire. Il va en revanche davantage insister sur l'expérience spirituelle personnelle, tout en développant une théologie dite « négative », mettant l'accent sur le mystère de la personne. L'Occident, au contraire, va faire une large part à la philosophie en reprenant l'idée d'Aristote selon laquelle il est possible de découvrir Dieu en partant de l'étude de la nature.

C'est chez Grégoire de Nysse que l'on découvre la plus belle expression de la théologie trinitaire comme de la théologie négative. La vie entière est envisagée sous la forme d'un dynamisme conduisant à la vie divine, en passant par toutes les facettes de l'existence.

Avec cette vision grandiose, le sens de la Trinité se révèle. Celle-ci est le passage de l'invisible dans le visible et du visible vers un à-venir que personne n'a vu ni ne soupçonne. Dieu, qui se fait de plus en plus vivant, est éminemment Dieu. Il déborde d'une vie de plus en plus haute.

Saint Grégoire Palamas et la sagesse ascétique

« L'intellect humain, s'il accepte de mourir
à sa déchéance, est illuminé par le Saint-Esprit.
S'il renonce à penser à sa mesure la Révélation, il pensera
par la Révélation d'une manière neuve et créatrice. Toute
la richesse de la pensée humaine sera reprise et refondue
au creuset de l'Esprit. Car l'image de Dieu en l'homme
est obscurcie mais non abolie par la chute. Le désir
du divin, la nécessité de communier avec Dieu, font
de la philosophie une immense interrogation. »

Olivier Clément, *L'Église orthodoxe.*

Le terme « ascèse » n'a pas bonne réputation. On entend souvent par ascèse renoncement, voire mortification. Refus dans la vie de tout ce qui est joyeux et qui donne du plaisir. En fait, l'ascèse a une signification exactement inverse.

Ascèse, en grec, ne veut pas dire « mort » mais « exercice ». Tout comme un athlète s'exerce afin de se mettre à un certain niveau, pour l'Orient chrétien, un moine se doit de « s'exercer » s'il veut pouvoir se mettre au niveau de la vie divine. Quand il y parvient, il est en général tellement comblé par cette vie qu'il n'a pas besoin d'autre chose. D'où un renoncement aux plaisirs de ce monde, le moine ayant trouvé d'autres joies, d'autres nourritures, d'autres énergies.

Au point d'être pacifié, serein, « tranquille », sans inquiétude, parce que délivré. Ce qui a donné le terme d'*hesychia* qui a donné hésychaste, qui caractérise communément le moine. Pour l'Orient chrétien, l'ascèse, l'hésychasme sont au centre de la vie. À ses yeux, c'est en vivant en Dieu, dans la mémoire de Dieu et la présence à Dieu, que l'on s'unit à lui. Bien que l'Occident ait développé une grande tradition monastique, celle-ci n'a pas toujours revêtu le caractère central qu'elle a en Orient. Témoin, la controverse qui va opposer, au XIVe siècle, saint Grégoire Palamas – qui fut moine au mont Athos – à un moine calabrais, Barlaam.

Barlaam est un érudit, curieux de tout. Il est donc allé en Orient, où il a rencontré des moines. Ceux-ci l'ont initié à leurs méthodes de prière fondées sur la récitation continuelle du nom de Dieu. Ce qui a le don de l'effrayer. Il n'y voit qu'un tissu d'irrationalités. Aussi réagit-il vivement en mettant en avant deux propositions : face à la tentation de croire pouvoir accéder à Dieu, il réaffirme que celui-ci est inconnaissable. Face à la tentation du refus de toute connaissance, il défend la connaissance sensible, telle qu'Aristote avait pu l'enseigner. En fait, pour Barlaam, on ne peut accéder à Dieu qu'indirectement. En passant par la connaissance de la nature, qui invite à s'interroger sur les premières causes.

Face à cette approche, saint Grégoire Palamas réagit. En retournant cette perspective. Dieu est connaissable, avance-t-il. Et il convient de se méfier des approches néoplatoniciennes qui en font une énigme, un mystère, quelque chose d'irrationnel. D'irréel. Dieu est bien connaissable. Il est bien participable. Et ce, sur le plan non pas de son essence, qui nous dépasse, mais sur celui de ses énergies, c'est-à-dire de ses manifestations.

Il faut donc dire que Dieu est accessible et non inaccessible, si l'on veut pouvoir montrer qu'il est bien réel et vivant. En revanche, il importe de congédier la connaissance empirique. Ce n'est pas par la méthode expérimentale que l'on s'élève à la vie divine. Mais par la prière.

Comme l'ont montré les hésychastes que saint Grégoire Palamas défend.

S'agissant de Dieu, l'expérience doit être intérieure et non extérieure. Il faut vivre Dieu en communion et non chercher à le vérifier par l'observation de la nature. Barlaam, en ce sens, se trompe. Il ne place pas la connaissance ni l'inconnaissance où il faut. Au lieu d'un Dieu vivant que l'on rencontre par une expérience intérieure, il présente un Dieu inaccessible suggéré par l'observation de la nature.

Une telle approche de l'hésychasme n'a pas qu'un intérêt théologique. Elle concerne tout le monde. On a peur de l'expérience intérieure pour aborder la réalité. On se rassure en s'appuyant sur l'observation de la nature. C'est l'inverse qu'il faut faire. La vie vécue de l'intérieur est la voie ouvrant les portes de la vie.

Identifier l'être

Dieu et l’être

« Saint Thomas déclarera qu’entre tous les noms divins il en est un qui est éminemment propre à Dieu, et c’est *Quid est*, celui qui est, justement parce qu’il ne signifie rien d’autre que l’être même. Principe d’une fécondité métaphysique inépuisable. Il n’y a qu’un Dieu et ce Dieu est l’être, telle est la pierre d’angle de toute philosophie chrétienne et ce n’est pas Platon, ce n’est même pas Aristote, c’est Moïse qui l’a posée. »

Étienne Gilson, *L’Esprit de la philosophie médiévale.*

Chaque grande époque de la pensée se caractérise par un trait saillant. Ainsi que le rappelle Étienne Gilson, le grand historien de la pensée médiévale, celui qui illustre le Moyen Âge consiste dans le fait d’avoir identifié Dieu à l’être.

L’être caractérise la réalité et, dans la réalité, ce qui fait le réel du réel. D’où le côté fondamental de l'être. L'être caractérise aussi la logique. C'est grâce à l'être que nous pouvons penser, relier les choses, les identifier en disant par exemple telle chose est ceci ou cela. D'une façon générale, l'être caractérise l'unité de la réalité et de la pensée sous la forme d'une réalité et d'une pensée pleinement présentes à elles-mêmes. Pour dire qu'une chose existe vraiment, qu'elle est pleinement réelle, pleine de sens, nous disons qu'elle est, afin de souligner ainsi sa plénitude. Les Anciens, à savoir les Grecs, se sont interrogés sur l'être, afin de savoir ce qui est réel. À cette question, plusieurs réponses ont été apportées. L'être réside dans la pensée qui permet de se représenter le réel, ont dit les platoniciens. Il réside au contraire dans le sensible et l'expérience, ont rétorqué les aristotéliciens. À quoi les sophistes ont ajouté, en renvoyant dos à dos platoniciens et aristotéliciens : l'être n'existe pas. C'est un mot. Comment dans ces conditions identifier Dieu et l'être ?

Admettons que Dieu soit un principe idéal, pour un aristotélicien cela n'aura aucun sens. Admettons au contraire qu'il est sensible, pour un platonicien cela n'aura aucun sens. Admettons enfin que Dieu n'a aucune réalité, pour ceux qui ne sont pas des sophistes, cela n'aura également aucun sens.

Est-ce à dire que Dieu n'a aucune réalité ? Nullement, répondront les penseurs médiévaux dans leur grande majorité. Face à la nature, qui est sensible, peut-on vraiment soutenir qu'elle est sans cause ? Serait-elle ainsi réelle si elle venait du hasard ? À l'évidence non. Et à l'inverse, s'agissant des idées, peut-on là aussi nier le réel ? N'est-ce pas la création sensible qui vérifie l'acte créateur spirituel ? Une idée qui ne créerait rien de tangible pourrait-elle encore être une idée ? N'est-elle pas une idée parce qu'elle est l'idée de quelque chose ? Enfin, pourrait-on avoir une idée de la relativité des choses, si l'on n'avait pas un sens minimum de leur côté stable ? Ne relativise-t-on pas les choses parce que l'on a le sens de l'essentiel qui se trouve ailleurs que dans le relatif ? Très logiquement, en analysant le réel sous tous ses angles, les médiévaux ont conclu que non seulement le réel existait mais qu'il avait une cause. Une cause suprême. Dieu en l'occurrence. Dieu étant le seul à pouvoir expliquer le fait que le monde ne soit ni l'effet du hasard, ni une pure abstraction, ni ce qui ne saurait faire l'objet d'un jugement. En fait, les médiévaux ont eu la conscience aiguë du fait que le monde ne se referme pas sur lui-même. Parce qu'il est réel, le réel suppose une réalité originelle sans laquelle il ne serait point. Personne, par exemple, n'a jamais vu le concept d'homme. Pourtant, l'homme existe. N'est-ce pas le signe qu'il existe un réel dans le réel qui nous permet d'ordonner le réel, rendant le réel « réel » ? Le réel ne saurait exister sans fondement. C'est là le trait majeur de la pensée médiévale.

On s'interroge sur la réalité. Sur Dieu également. Relier Dieu et l'être revient à montrer que la réalité est profonde, essentielle, fondamentale. Relier l'être et Dieu revient à montrer que Dieu est bien réel. Sa réalité n'est pas imaginaire.

À quoi cela sert-il ? On vit mieux, on travaille mieux, on a davantage envie d'agir quand on sait que la réalité dans laquelle on vit est profonde et que l'esprit est bien réel. L'amour de la vie se nourrit de l'esprit de la vie.

Boèce et la consolation de la philosophie

« Le savoir de Dieu, embrassant toutes choses dans une connaissance immédiate, fixe à toutes choses leurs limites, sans dépendre en rien des événements futurs. Cela dit, les mortels gardent leur liberté intacte et il n'y a aucune injustice dans les lois qui proposent des récompenses et des punitions aux volontés qui sont entièrement libres de toute nécessité. »

Boèce, *La Consolation de la philosophie.*

Il est des penseurs à qui revient le privilège d'être des fondateurs. C'est le cas de Boèce qui, après avoir été le conseiller du roi goth Théodoric le Grand, fut mis à mort par celui-ci. Boèce, élevé dans une culture latine, est chrétien. Il est de ce fait au carrefour de deux cultures, l'une antique et l'autre chrétienne. Commentateur d'Aristote, lecteur fervent d'Épictète, il croit en Dieu ainsi qu'au Christ. Comment concilier ces deux courants ? La nature éternelle d'Aristote est-elle compatible avec un Dieu créateur ? Et la résignation des stoïciens devant la nécessité peut-elle s'accommoder avec la liberté de la personne reconnue par le christianisme ? Boèce le pense. Dans son cachot, attendant sa condamnation, il écrit *La Consolation de la philosophie*. Un livre superbe dans lequel, dès le titre, on s'aperçoit que sagesse et charité se marient. Pourquoi ? La Providence des sages de l'Antiquité n'est pas incompatible avec le sens chrétien de la liberté de la personne. Dans la démarche stoïcienne, les dieux gouvernent le monde. Ils ont tout prévu. Tout est donc rationnel. Rien n'est laissé au hasard. D'où, *a priori*, aucune liberté pour l'homme. Quand quelque chose lui arrive, ce n'est pas lui qui l'a décidé. Dans une vision chrétienne, au contraire, l'homme est libre et responsable. Il a son mot à dire. Il peut choisir entre le bien et le mal. Tout n'est pas enchaîné à la nécessité. Apparemment, tout oppose ces points de vue. Pourtant chacun d'entre eux a ses limites, mais aussi sa vérité. Si tout était nécessaire, cela voudrait dire que l'homme n'est pas responsable de quoi que ce soit. Les dieux seraient responsables du mal. Pourquoi alors la morale ? Ne faut-il pas une morale parce que tout n'est pas nécessaire ? Les chrétiens, en ce sens, ont raison. La nécessité n'est pas responsable de ce qui arrive. Maintenant, nul ne peut contester que Dieu, puisqu'il est parfait, est sage et intelligent. Les sages de l'Antiquité ont donc raison. D'où la nécessité d'une correction de nos idées. Morale et logique sont compatibles. Il s'agit de deux niveaux différents. Dieu est éternel, rappelle Boèce. Il est aussi sempiternel. Éternel, il saisit tout d'un seul coup. Sempiternel, il saisit tout dans la succession. Tout comme dans le temps il y a quelque chose qui passe (le cours du temps) et quelque chose qui ne passe pas (le fait qu'il y ait du temps), il y a en Dieu deux visages. Un visage éternel (qui ne passe pas) et un visage mouvant (qui passe). Ce qui débouche sur deux rapports au monde.

Le Dieu éternel n'enchaîne pas l'homme. Il l'accepte tel quel. Dans sa liberté. Le Dieu sempiternel prévoit tout et dirige tout. En fait, l'homme n'est libre que parce qu'il est un être vivant dans un monde organisé. Il n'est un homme réel que parce qu'il possède une liberté capable de le faire réagir au réel. Il y a donc une relation entre liberté et nécessité, parce que tout est relation. Et tout est relation, parce que l'être (le réel) n'a pas de sens par lui-même, mais par ce qu'il est (l'étant). Nous saisissons l'être par l'étant, mais nous n'aurions pas conscience de l'étant sans l'être. D'où l'importance de l'écart entre l'être et l'étant que les philosophes appellent la différence ontologique et que Boèce a été le premier à théoriser.

Aujourd'hui, nous dirions qu'il n'est pas incompatible de penser que la vie a du sens en général, tout en donnant un sens à sa vie. C'est parce que la vie a du sens en général qu'il vaut la peine de donner un sens à sa vie. L'écart entre le sens global et le sens personnel de la vie est la condition du sens. Je suis parce qu'il y a de l'être.

Denys l'Aréopagite et la hiérarchie céleste

« La Cause de toutes choses n'est ni science, ni vérité, ni royauté, ni sagesse, ni un, ni unité, ni déité, ni bien, ni esprit au sens où nous pouvons l'entendre. Elle n'est rien de ce qui appartient au non-être et rien non plus de ce qui appartient à l'être. D'elle, nous ne pouvons rien affirmer, ni rien nier. Car, toute affirmation reste en deçà de la Cause unique et parfaite de toutes choses, toute négation demeure en deçà de la transcendance de Celui qui est simplement dépouillé de tout et qui se situe au-delà de tout. »

Denys l'Aréopagite, *Théologie mystique.*

La théologie est la science de Dieu. Elle s'efforce d'étudier Dieu et de montrer ce qu'il est, en aidant à percevoir ce qui vient de lui et ce qui va à lui. Au Moyen Âge, la théologie a revêtu le statut de reine des sciences, Dieu étant considéré comme la clef de toutes les sciences par le fait d'être la cause de l'univers. Très vite cependant, un problème s'est posé. N'est-il pas dangereux de vouloir dire ce qu'est Dieu ? N'est-ce pas là se situer de fait au-dessus de Dieu, en prétendant dire ce qu'il est ? Et n'est-ce pas finalement détruire la notion même de Dieu, en le ramenant à ce qui n'est pas lui ? Une science de Dieu peut conduire à l'athéisme en plaçant la science au-dessus de Dieu. C'est la raison pour laquelle des théologiens ont réagi contre cette approche trop rationnelle, trop scientifique, en disant que la théologie devait être la science, non pas de ce qu'est Dieu mais de ce qu'il n'est pas. C'est en particulier Denys l'Aréopagite qui a réagi de la sorte, en donnant naissance à la théologie dite négative, qui ne cessera d'influencer tout le Moyen Âge.

L'idée centrale défendue par Denys l'Aréopagite est simple. Dieu étant infini et parfait en toutes choses, on ne peut le connaître. Le connaître voudrait dire que l'on peut englober son infinité et sa perfection. Ce qui reviendrait à englober son infinité et sa perfection et, donc, à le nier. Est-ce à dire qu'il faut renoncer à le connaître ? Non. Ce serait renoncer à Dieu. Autre façon de le nier. Que faire donc ? Il faut comprendre qu'entre la prétention de croire pouvoir connaître Dieu et la renonciation à Dieu, il y a une troisième voie. Celle qui consiste à dire qu'il existe une « connaissance spéciale » de Dieu. « Celle-ci réside dans le fait de comprendre que l'on connaît Dieu de ne pas le connaître. » Obscurité qu'un tel langage ? En fait, non. Cela conduit à réhabiliter la connaissance dite passive. On peut prendre. Dominer. Maîtriser. On peut aussi se laisser prendre. Se laisser dominer. Se laisser maîtriser. C'est ce que veut dire « connaître de ne pas connaître ». Cela signifie se laisser connaître. Par une révélation. Par une intuition. La connaissance intuitive et révélée consiste à être visité par. Habité par. En outre, quand on est ainsi pris et compris, on appartient à autre chose. À une autre dimension. D'où l'idée de hiérarchie, et avec elle, celle d'un ordre supérieur englobant un ordre inférieur afin de l'élever jusqu'à lui.

Denys a défendu l'idée d'un ordre hiérarchique des choses. Non pas pour abaisser l'homme, mais pour l'élever. Il a vu l'ordre des choses comme un ordre soumis à un mouvement d'élévation. Ce faisant, il a fait apparaître un troisième plan de réalité. Celui des noms. Dieu n'a pas un mais des noms correspondant à des visages qui se révèlent au cours d'un rapport intime.

Toute élévation débouche sur la révélation d'un nom, comme on révèle un secret.

Révélation. Hiérarchie. Nom. Ces termes désignent l'accès à un langage autre. Un langage plus profond sur Dieu, auquel Denys convertira son temps. Un langage qui parle, lorsqu'on laisse monter ce qui parle.

La pensée de Denys a été la pensée maîtresse de tout le Moyen Âge. Tous les grands philosophes l'ont lu et commenté. Cette importance est due au fait que Denys a su traduire théologiquement la révélation chrétienne. Que Dieu se soit incarné veut dire que Dieu est vivant. Dieu est vivant quand il est vécu de l'intérieur. Vécu de l'intérieur, il se dévoile en échappant toujours. L'infini vu du côté du sujet donne ce que je saisis en ne parvenant jamais à saisir. Denys avec la théologie négative a su donner une réalité humaine accessible à l'incarnation. Dieu peut être vécu sans cesser d'être Dieu. C'est ce que signifie « connaître Dieu de ne pas le connaître ».

Proclus et le *Livre des Causes*

« Tout être supérieur est ou bien au-dessus de l'éternité et avant elle, ou bien avec elle, ou bien après elle et au-dessus du temps. L'être qui est avant l'éternité est la cause première, puisqu'il en est la cause. Mais l'être qui est avec l'éternité est l'intelligence, puisqu'il est un être second de façon unitaire, d'où vient qu'il ne pâtit ni ne connaît la destruction. »

Proclus, *Livre des Causes.*

Il y a des ouvrages qui marquent leur époque d'une influence profonde. Le *Livre des Causes* attribué à Proclus, penseur néoplatonicien, puis adapté à Bagdad au IXe siècle par des penseurs musulmans, avant d'être traduit en 1268 par Guillaume de Moerbeke, en est un vivant exemple. Celui-ci a eu une portée déterminante durant tout le Moyen Âge, du fait de sa tentative de relier ensemble trois pensées majeures symbolisées par trois concepts : Aristote et l'idée de Cause, Plotin et la notion d'Un, et le monothéisme avec l'idée d'un Dieu créateur.

A priori, rien ne relie les notions de Cause, d'Un et de Dieu. Prenons Dieu, tel qu'il apparaît dans le monothéisme. Celui-ci est décrit comme Dieu créateur ayant fait passer l'univers du néant à l'être. Rien n'existe avant que la création ne surgisse. Quant à l'idée de Cause, telle qu'elle apparaît chez Aristote, celle-ci peut être définie comme ce qui fait être ce qui est. Elle suppose donc qu'il y ait déjà de l'être pour faire être ce qui est. À l'image du sculpteur qui part d'un bloc de pierre pour donner naissance à une sculpture. Enfin, s'agissant de l'Un, qui renvoie à l'harmonie de soi avec soi, et par là, à la réflexion de soi sur soi, celui-ci se situe sur le plan de l'intelligence. D'où toute une série de questions. Quel lien y a-t-il entre le Dieu créateur qui fait tout surgir du néant, la Cause qui modèle ce qui est et l'Un qui est l'expression d'une harmonie purement intellectuelle ? Toutes ces notions ne sont-elles pas incompatibles entre elles ? Non, répond Proclus. Il est possible de réconcilier création, Cause et intelligence, à condition d'apercevoir trois choses : Dieu est Cause, Dieu est l'Un, et Dieu est la Cause de l'Un.

Dieu et l'idée de Cause ne sont pas incompatibles, pour peu que l'on aperçoive que Dieu est celui qui se fait être. Il est Cause de soi. En se manifestant. En étant créatif plus que créateur. Par une profusion d'effets, le faisant passer de l'inaction à l'action. Dieu, si l'on peut dire, est un grand dynamiseur faisant donc jaillir l'ensemble de l'univers de la surabondance de son dynamisme. Il n'y a pas de contradiction entre la Cause et l'Un, ni entre Dieu et l'Un. On pourrait croire que, parce qu'il est la Cause dynamique de ce qui est (à savoir, la vie, l'univers), Dieu est un principe matériel et non spirituel. Or il n'y a pas d'opposition entre les deux. Dieu est Un, c'est-à-dire spirituel, uni avec lui-même, en étant éternellement créateur. Éternellement dynamique. Sa création dynamique finit à l'infini par être spirituelle, l'Un qui est infiniment, finissant à l'infini par devenir création matérielle. Quant à Dieu et l'Un, ils se confondent eux aussi, pour peu que l'on comprenne que Dieu est sagesse, harmonie quand il fait passer le monde de l'inaction à l'action.

Proclus, en réconciliant la création, la Cause et l'Un, a ouvert la voie à un nouveau visage de Dieu. Le Dieu cause de soi que l'on trouve chez Spinoza. Un Dieu inspiré par Plotin et son idée d'émanation pour décrire l'action divine.

Un Dieu ultra-vivant, faisant tout vivre. C'est sur ce Dieu, ne se lassant jamais d'être Dieu, que le Moyen Âge va réfléchir.

Saint Anselme et la preuve de l'existence de Dieu

« Il y a dans l'intelligence quelque chose dont on ne peut rien concevoir de plus grand. Ce dont rien de plus grand ne peut être conçu ne peut exister seulement dans l'intelligence. Si cela existait seulement dans l'esprit, on pourrait le concevoir comme étant aussi dans la réalité ; ce qui serait supérieur. Donc, si ce dont on ne peut concevoir rien de plus grand est seulement dans l'esprit, cela dont on ne peut rien concevoir de plus grand est quelque chose dont on peut concevoir quelque chose de plus grand, ce qui est impossible. Il existe donc quelque chose, dont on ne peut rien concevoir de plus grand, et dans l'esprit et dans la réalité. »

Saint Anselme, *Proslogiun.*

Tout être humain qui s'interroge sur l'existence ne peut, à un moment ou à un autre, éviter de se demander si Dieu existe. Peut-on considérer l'univers ainsi que la vie comme un pur accident ? Et peut-on se satisfaire de l'idée qu'après la mort, il n'y a qu'un néant où tout bascule, comme dans un gouffre ? Platon et Aristote durant l'Antiquité ont tenté de répondre à ces questions en s'appuyant sur la raison.

N'y a-t-il pas en effet une intelligence qui dirige la vie en l'empêchant d'aller à la dérive comme un navire sans gouvernail ? Et l'étude des mathématiques ne nous enseigne-t-elle pas que les vérités idéales qu'on y trouve subsistent malgré le temps qui passe, signe d'une vie de l'esprit malgré la corruption des choses ?

Ces arguments rationnels n'ont pas toujours convaincu. N'est-il pas trop idéal d'envisager les choses ainsi ? En faisant reposer Dieu sur la raison, ne risque-t-on pas de croire saisir l'existence de Dieu en ne saisissant que son idée ? Durant le Moyen Âge, cette critique ne cessera de revenir en mettant aux prises les « réalistes » aristotéliciens et les « idéalistes » platoniciens, avec à l'arrière-plan des enjeux moraux et politiques. Sur la liberté de la pensée, par exemple. Si Dieu se dévoile par la pensée, cela ne risque-t-il pas de donner trop d'importance à la vie intérieure des hommes ainsi qu'à la liberté de l'intelligence ? Non, répondra saint Anselme en mettant en avant une argumentation retournant toute critique.

Ce qui est resté dans la postérité sous le nom d'argument ontologique.

Considérons, dit-il, l'idée de Dieu, nous en concluons son existence. Ou pour le dire plus clairement : il suffit de penser avec rigueur l'idée même de Dieu, pour déduire qu'il existe. Imaginons un être tel qu'il n'en existe pas de plus grand. Un être qui comprenne tout. Par définition, il comprendra en lui la notion d'existence. Si tel n'était pas le cas, cela voudrait dire qu'il n'est pas le plus grand et qu'il ne comprend pas tout. Dieu étant l'être le plus parfait qui comprend tout, par définition, il comprend en lui la notion d'existence.

Idéaliste, cet argument de saint Anselme ? Nullement. Sa force est de comprendre que Dieu n'est pas une idée comme une autre. En fait, ce n'est pas une idée. C'est plus qu'une idée. Et on doit le comprendre. Ou bien c'est que l'on n'a pas pensé. L'argument de saint Anselme n'est pas tant une preuve concernant Dieu qu'une critique de la pensée. Dieu est tel que l'idée que l'on en peut avoir n'est pas une idée mais une réalité hors de nous.

Saint Thomas d'Aquin critiquera l'argument de saint Anselme, en se déclarant nullement convaincu par celui-ci. Soucieux du réel, il reprochera au Dieu de saint Anselme de n'être qu'une idée. Hegel, au contraire, a salué en saint Anselme un génie authentiquement spéculatif. Saint Anselme a compris que l'on ne peut aborder l'absolu qui est autoréalisation de soi que par l'acte autoréalisateur de la pensée ne s'appuyant que sur elle-même.

Certaines idées sont des réalités et non des idées. C'est la découverte que fait saint Anselme et que saluera Hegel.

Saint Thomas et l'analogie de l'être

« On appelle sagesse la connaissance des réalités divines et science la connaissance des réalités humaines et créées. La connaissance de Dieu à partir des créatures appartient, par sa forme, à l'ordre de la science ; elle n'appartient à l'ordre de la sagesse que par son objet. Quand nous jugeons les réalités créées en fonction des réalités divines, il s'agit alors de sagesse plutôt que de science. »

Saint Thomas, *Somme théologique.*

Saint Anselme a trouvé Dieu de l'intérieur. Il l'a issu de sa méditation sur l'idée de Dieu. Il a déduit le réel, de Dieu ou du rationnel de la pensée. Saint Thomas a procédé à l'inverse. Il n'est pas parti de l'intérieur et de la pensée, mais de la considération du monde et de ce qui existe.

Pour lui, il suffit d'observer avec attention la création pour conclure que Dieu existe. Autre démarche. En regardant le monde, ne voit-on pas toutes sortes d'effets dont il faut bien supposer qu'ils ont une cause ? Et cette cause ne suppose-t-elle pas une cause première, cause de toutes les causes, faute de quoi les causes étant causées à l'infini, celles-ci seraient sans cause ? En outre, l'imperfection existant dans le monde ne nous confirme-t-elle pas que c'est bien d'une cause hors du monde que procède le monde, puisque si le monde s'était créé lui-même, il serait parfait ? Le fait d'une perfection hors du monde faisant jaillir le monde n'est-il pas d'ailleurs illustré par la gradation que l'on trouve dans la réalité où, visiblement, la vie va du moins animé, du moins intelligent et du moins libre (la matière), au plus animé, au plus intelligent et au plus libre ? Assisterait-on à un tel ordre croissant si tout venait du désordre ? Comment le désordre aurait-il pu créer de l'ordre et l'inférieur faire jaillir du supérieur ? Il y a des hommes qui trouvent Dieu dans leur cœur. D'autres dans leur pensée. D'autres dans la beauté de la création. Dans le spectacle du monde. C'est le cas de saint Thomas, pour qui la création rend hommage au créateur.

L'existence nous fait remonter à l'essence. Ce qui a deux conséquences importantes. La première concerne la philosophie. Si voir le monde conduit à voir Dieu à travers le monde, n'est-ce pas le signe que l'homme, par sa vision et sa démarche d'homme raisonnable, peut s'accorder avec la religion ? Saint Thomas a pensé que la philosophie et la théologie pouvaient aller de pair. Rien de ce qui est théologique n'étant illogique sans faire dériver la théologie de la philosophie, il est possible, philosophiquement, de remonter à la théologie grâce à la lumière de la sagesse humaine rencontrant cette autre lumière qu'est la lumière divine. Aussi ne faut-il pas renoncer à penser pour rencontrer la foi, mais au contraire mieux penser, en habitant la pensée de l'intérieur. Soyons présents à la pensée et, dans cette présence, nous découvrirons la présence même de Dieu, qui est l'hyper-présence à toute présence.

La seconde conséquence tirée des rapports entre existence et essence concerne les rapports entre l'homme et Dieu. Dieu est dit être. L'homme et le monde sont dits être également. S'agit-il du même être ? En fait Dieu, l'homme et le monde sont dans un rapport d'analogie. L'homme, le monde sont à l'image de Dieu. Ce sont des images de Dieu participant à celui-ci sans être celui-ci. Sans être Dieu, tout participe à Dieu. Tout en restant soi-même, tout en étant ouvert sur l'autre.

Dans une fresque grandiose, semblable à une cathédrale, saint Thomas a tenté de montrer comment la terre s'ouvre sur le ciel.

Si saint Anselme a su montrer que certaines idées sont des réalités, saint Thomas a montré, lui, que certaines réalités sont des idées. Penser peut faire croire. Voir fait également croire.

Duns Scot et l'univocité de l'être

« La chevalinité qui fait tout le caractère du cheval n'est pas de soi une, ni plusieurs, ni universelle en acte, ni de soi particulière. Même si cette nature n'est jamais réellement sans les individus, elle est naturellement antérieure à tous. Et c'est, considéré selon cette antériorité naturelle, que la nature est quelque chose d'essentiel, qu'elle est l'objet de l'intellect, qu'elle est par soi, considérée comme telle par le métaphysicien. »

Duns Scot, *Opus oxoniense.*

Saint Thomas a conduit la pensée médiévale à un sommet incomparable. Après lui cependant, son héritage va se disperser pour partie. En raison d'attaques diverses. Non dénuées de pertinence, il importe de le souligner. Témoin Duns Scot. Originaire d'Écosse, venu enseigner à Paris (comme saint Thomas), il met l'accent sur un problème important. En l'occurrence celui de l'analogie de l'être. Selon saint Thomas, il est possible de remonter de l'existence à l'essence et, par voie de conséquence, du monde, de l'homme à Dieu parce qu'il existe une analogie entre le monde, l'homme et Dieu. L'homme et le monde sont à l'image de Dieu. À la ressemblance de Dieu, pour reprendre les mots mêmes de la Bible. Sans être Dieu, ils participent de Dieu. Pour Duns Scot, cette participation, cette image, cette analogie sont pleines d'ambiguïtés et d'obscurités. Si l'on peut aller ainsi de l'homme ou du monde à Dieu, parce qu'il existe une analogie entre eux, ne risque-t-on pas de perdre de vue l'essence ineffable de Dieu ? Dieu n'est-il pas au-delà de toute image et de toute ressemblance ? En liant Dieu à l'homme et au monde, ne risque-t-on pas de faire de Dieu une sorte de super-homme au lieu d'en faire un être autre ? Et de leur côté, l'homme ainsi que le monde n'ont-ils pas une spécificité ? Si c'est trop particulariser Dieu que de le lier au monde et à l'homme par un lien analogique, n'est-ce pas trop abstraire ce même monde et ce même homme que de les lier à Dieu par un lien de ressemblance ? Ne faut-il pas dès lors en tirer les conséquences ? C'est-à-dire rompre avec l'analogie ?

C'est ce que fait Duns Scot. Jugeant que l'analogie que l'on dresse entre Dieu et l'homme ne conduit qu'à une fausse science, il va s'efforcer de refonder une science véritable de Dieu comme de l'homme en partant d'un nouveau concept. Le concept d'univocité. Univocité veut dire un seul sens. Appliquons-le à Dieu ainsi qu'à l'homme. Cela veut dire que l'être que l'on trouve en l'homme n'est pas à l'image de l'être que l'on trouve en Dieu. C'est le même. Est-ce à dire que Dieu et l'homme sont la même chose ? Nullement. Cela veut dire que l'être étant caractérisé par la manière d'être que l'on peut avoir (l'haeccéité ou, si l'on veut, la modalité), Dieu et l'homme ont en commun non pas de se ressembler, mais d'avoir chacun une modalité propre. Au lieu d'être unis par une similitude, ils sont unis par une différence. Ayant en commun chacun une modalité propre, ils n'en sont pas moins différents du fait d'avoir chacun une modalité propre.

La solution de Duns Scot est brillante. On peut lier les êtres par l'analogie. On peut aussi les relier par la différence. Chacun ayant comme modalité d'être différent, la différence est ce qui unit en séparant et ce qui sépare en unissant. D'où un nouvel horizon. Fondé non plus sur une perfection attirant tout à elle par l'entremise d'une progression hiérarchique, mais par une communication de manière d'être à manière d'être. Ainsi, la manière d'être de Dieu est de créer le monde par un acte de volonté libre. Celle de l'homme est, elle aussi, d'être libre. En soulignant ce trait, Duns Scot a fondé une science spéciale de l'être faisant ressortir le caractère inouï de celui-ci.

Guillaume d'Ockham et la singularité de l'être

« Je prends cette proposition : "Toute substance sensible est composée de matière et de forme". Ou bien dans ce cas le sujet est une chose en dehors de l'âme, ou bien il est seulement une intention dans l'âme ou bien il est un mot. S'il est une chose extérieure il n'est pas une chose commune, car une telle chose n'existe pas. Par conséquent, le sujet est une chose singulière, et pas plus une chose qu'une autre. Comme une chose singulière ne peut pas être sujet, parce qu'il existe quantité de choses auxquelles on n'a jamais pensé, seuls l'intention et le mot peuvent être sujets. »

Guillaume d'Ockham,
Commentaire sur la physique d'Aristote.

Avec Duns Scot a commencé une critique radicale de tout ordre hiérarchique en général et de tout ordre tout court de la nature. En montrant que la notion d'être comprise comme modalité et manière d'être (haeccéité) est la même pour Dieu que pour l'homme, celui-ci a porté un coup fatal à l'ordre hiérarchique thomiste tout en imaginant un nouvel horizon de rapports fondés sur une relation de volonté à volonté. Pourtant, selon Guillaume d'Ockham, Duns Scot ne va pas assez loin. Supposer qu'il y a un être commun entre Dieu et l'homme, c'est encore imaginer trop d'ordre et projeter sur la réalité des choses trop de présupposés humains. Trop de présupposés politiques aussi. Présupposés, par exemple, de Dieu comme chef avec le pape comme représentant. Aussi Guillaume d'Ockham entreprend-il de faire table rase de tous ces présupposés en utilisant la lame effilée comme un rasoir de la logique, afin de purifier l'esprit.

Ainsi, s'agissant de l'être (le réel) et de la connaissance que l'on peut en avoir, on ne peut dire qu'une chose : c'est qu'il n'y a rien d'universel. Quand je sais quelque chose à propos de la réalité, c'est toujours par une expérience singulière que je le sais. Et quand j'ai ainsi une expérience singulière, ce que j'apprends du réel, c'est que tout est singulier. Rien n'est jamais pareil. Il est donc absurde de tirer des généralités de nos expériences. Absurde également de croire que l'on puisse atteindre la connaissance de l'ordre de la nature. Absurde d'imaginer qu'il existe un ordre abstrait préformé.

Certes, pour penser, nous avons besoin de généralités. Cela permet d'ordonner le monde. Mais de telles généralités doivent être comprises comme des symboles élaborés par notre esprit dans une perspective fonctionnelle, utile, et non comme des réalités données indépendamment de notre esprit. Saint Thomas pensait qu'en voyant l'ordre du monde, on disposait là d'un moyen pour s'élever à Dieu. Guillaume d'Ockham s'affranchit de cette médiation de l'ordre de la nature entre l'homme et Dieu. D'où chez lui une séparation complète entre nature et grâce et, par voie de conséquence, entre philosophie et théologie. La nature et la connaissance rationnelle que l'on peut en avoir ne peuvent aucunement nous renseigner sur la foi. Et inversement, la foi ne nous délivre aucune science, la raison et la foi relevant de deux ordres distincts. D'où une exigence. L'esprit ne pouvant s'appuyer sur aucun ordre dans la nature afin d'aller à Dieu et sur aucun ordre en Dieu afin de connaître la nature, l'ordre reste à faire. Il faut donc transformer en point de départ ce qui était un point d'aboutissement chez saint Thomas. Si chez saint Anselme on peut dire que le rationnel mène à Dieu, si, chez saint Thomas, c'est le réel qui mène à Dieu, chez Guillaume d'Ockham, il y a rupture entre Dieu et le réel ainsi que le rationnel. Le réel ainsi que la raison n'existent pas en eux-mêmes. Ils ne sont que ce que l'on en fait grâce à une expérience vivante. Au lieu, dès lors, d'assister à une vaste synthèse entre foi et raison articulant un ordre allant du monde à Dieu, on va assister à une rupture entre raison et foi articulant un monde désenchanté, distinguant la mystique d'une part et la science de l'autre.

Maître Eckart et le dépassement de l'être

« L'œil dans lequel je vois Dieu est le même œil dans lequel Dieu me voit. Mon œil et l'œil de Dieu sont un seul et même œil, une seule et même vision, une seule et même connaissance, un seul et même amour. »

Maître Eckart, *Sermon 12.*

« Que leur dirai-je quand ils me demanderont qui tu es ? » Dans la Bible, au livre de l'Exode (3, 14), lorsque Moïse demande à Dieu, celui-ci répond : « Je suis qui je suis. » À la suite de saint Jean Damascène, la pensée médiévale a vu dans cette réponse de Dieu à Moïse l'idée que Dieu est la réalité par excellence. La réalité suprême. Un océan de réalité. Témoin, par exemple, saint Thomas, pour qui Dieu est cette réalité infinie conférant à tout être une réalité par participation.

Au XIVe siècle, Maître Eckart, le grand mystique rhénan, va adopter une attitude radicalement opposée. Étienne Gilson – le grand historien de la pensée médiévale – fait remarquer que si Dieu répond à Moïse qu'il est celui qui est, ce n'est pas pour dire qu'il est l'être (la réalité par excellence), mais pour se cacher. Un peu à la manière de celui, qui, pour se cacher, esquive la question « Qui es-tu ? » en disant : « Eh bien, je suis ce que je suis ! » Pour ne pas répondre.

Pourquoi Dieu se cache-t-il en répondant de la sorte ? Parce que, pour Maître Eckart, Dieu n'est pas l'être. Il est supérieur à l'être. Et ce, en vertu du fait qu'une cause est supérieure à ses effets. L'effet qui est le réalisé n'est pas à mettre sur le même plan que la cause qui est le réalisant. D'où l'erreur de doctrines comme celle de saint Thomas voyant une analogie entre le monde (le réalisé) et Dieu (le réalisant). Entre les deux, il y a une rupture qu'il ne faut pas interpréter en conférant tout l'être à Dieu. Au contraire. Si l'on a bien compris que Dieu est la cause de ce qui est, il faut retirer à Dieu tout être. Toute réalité. Ce qui a deux conséquences majeures.

Si Dieu qui est la cause de l'être n'est pas l'être, si sa réalité est d'être au-delà de toute réalité, qu'est-ce que l'être de Dieu ? Dieu est intelligence, répondra Maître Eckart. Pure intelligence. Pourquoi ? Parce qu'il est fondamentalement Un. Unité avec lui-même. Pure réflexion de lui-même en lui-même. Pure intériorité. Par retour sur lui-même. En fait, Dieu est réalisant parce qu'il est autoréalisation.

Se réfléchissant en lui-même, il est une pure lumière se réfléchissant autour de lui en tout.

Par ailleurs, s'agissant de l'homme, un constat s'impose. Si l'être de l'homme vient de Dieu qui est cause de l'être, l'homme, ainsi que toute la création, n'a d'être qu'en dépassant le simple fait d'être. Ils sont de n'être pas. Ce qui veut dire que l'homme n'a d'être qu'en s'intériorisant. Comme Dieu. En fait, Maître Eckart place l'intelligence ainsi que l'intériorité au centre de tout. Caractéristique de Dieu en plaçant celui-ci au-delà de l'être, l'intelligence est aussi la caractéristique de l'homme. C'est par elle que l'homme et Dieu communiquent. Sans hiérarchie. D'intelligence à intelligence. Maître Eckart pense que tout est intériorité. Intelligence. Lumière. Il pense que Dieu est lumière, que l'homme est lumière, que Dieu et l'homme communiquent dans la lumière, que c'est elle qui a été perdue et elle qu'il faut retrouver. En plaçant ainsi l'intelligence au-dessus de l'être, Maître Eckart a introduit les notions de néant et de vide dans la pensée, en faisant percevoir que celles-ci peuvent ne pas être négatives et destructrices. Hegel l'a compris. Nier le réel, c'est chercher à dépasser celui-ci afin de l'intérioriser et de comprendre que c'est une autoréalisation qui fait toute la réalité du réel.

Dante et le banquet des philosophes

« La perfection dernière chez l'homme ne consiste pas dans l'exister absolument parlant, parce que l'exister ainsi compris est également participé dans les éléments ; ce n'est pas non plus l'exister composé, car on le trouve aussi dans les minéraux ; ni l'exister animé, car on le trouve dans les plantes ; ni l'exister capable d'appréhender, car on le trouve aussi chez les animaux. Cette perfection est dans l'exister capable d'appréhender au moyen de l'intelligence possible. Car, exister n'appartient à aucune autre réalité que l'homme, qu'elle lui soit supérieure ou inférieure. »

Dante, *De Monarchia.*

Le Moyen Âge a commencé avec Boèce, concevant la philosophie comme une « élévation consolante » vers la félicité divine, à travers le périple initiatique offert par les quatre arts majeurs (le *quadrivium*), à savoir l'arithmétique, l'astronomie, la géométrie et la musique ainsi que les trois arts complémentaires (le *trivium*), la grammaire, la rhétorique et la logique. Il va s'achever avec un renversement de perspective que Dante va illustrer dans sa philosophie. Pour Dante, comme pour Boèce, la philosophie est consolation. Étant sagesse, elle permet dès ici-bas de goûter aux félicités divines. Certes, la théologie, et derrière elle la métaphysique, demeure la science des causes premières et des fins dernières. À ce titre, rien ne saurait venir lui usurper sa place. Reste que c'est la sagesse entendue comme morale qui l'emporte d'un point de vue humain sur la métaphysique, puisqu'elle permet d'actualiser ces causes et ces fins en les vivant. Ce qui n'est pas sans conséquences. Comment ne pas voir qu'en glissant de la métaphysique à la morale, une sorte de congé est donné à la métaphysique. Signe des temps. Un changement voit le jour. L'homme ne veut plus contempler la félicité, mais la vivre. Autre changement. Pour Dante, l'univers est plein de symboles et en particulier de symboles liés à l'astrologie. Les planètes renvoient à des dieux de l'Antiquité qui sont les expressions de traits de caractère. La nature, par ce trait, acquiert une autonomie. Elle ne parle plus un langage théologique. À travers un langage ésotérique, elle parle son langage propre.

Renvoyant à une âme décrite par l'astrologie, c'est dans le rapport des choses à une âme et non plus simplement à un Dieu transcendant que, désormais, les choses se déploient.

Enfin, dernier signe de changement. Dans *La Divine Comédie*, au cours de son ascension initiatique, Dante n'hésite pas à faire un éloge de Siger de Brabant, le grand averroïste latin, grand adversaire de saint Thomas. Siger, comme Averroès, croit à une âme de l'humanité. Une âme immortelle. Il ne croit pas à l'âme individuelle. Signe là encore d'autonomie. On ne se situe plus dans un monde gouverné par la création et la liberté, mais dans un monde éternel, nécessaire, dans lequel il n'y a plus ni création, ni liberté. La pensée échappe à la dimension théologique. Elle devient autre. Elle s'explique par la nature.

Dante n'est pas athée. Mais il n'explique plus la théologie dans les termes traditionnels. Au système, à la somme, développés par saint Thomas, succède la quête d'un homme, figurée par *La Divine Comédie*. On n'explique plus la sagesse de Dieu. On veut soi-même réaliser cette sagesse en se situant dans un monde qui est le miroir de l'âme humaine et non pas celui de la lumière divine. Dernier des penseurs du Moyen Âge en continuant l'ambition de cette période d'accéder à la félicité divine, Dante n'en est pas moins, en humanisant cette montée vers la félicité, le premier penseur de la Renaissance. À un monde dominé par la hiérarchie inscrite dans les choses, succède un monde dans lequel l'homme n'est plus dans le monde. C'est désormais le monde qui est dans l'homme.

Nicolas de Cuse
et la docte ignorance

« Il faut que le jugement devienne ignorant et se tienne comme à l'ombre, s'il veut vous apercevoir, mais, ô mon Dieu, qu'est-ce d'autre, cette ignorance, qu'une docte ignorance ? Aucun n'approche votre infinie grandeur, ô mon Dieu, que celui qui se tient dans l'ignorance, à savoir celui qui sait qu'il ne vous connaît pas. Vous donc, ô grand Dieu, qui êtes l'infinité même, vous êtes un Dieu dans l'essence duquel je connais que le pouvoir être est l'être en acte. C'est pourquoi pouvoir être absolument et être tel en acte ne sont pas en vous autre chose que vous, ô mon Dieu infini. Vous êtes tout ce qui peut être. »

Nicolas de Cuse, *Traité de la vision de Dieu.*

Il est courant de penser que le Moyen Âge s'est achevé avec la montée de l'humanisme. Témoin, Dante plaçant l'homme ainsi que la morale au-dessus de la métaphysique. En fait, le Moyen Âge n'a pas eu une, mais deux fins. Si la première est marquée par le triomphe de l'humanisme, la seconde est marquée par le triomphe de la mystique. Événement moins connu, mais tout aussi important que le triomphe de l'humanisme. C'est Nicolas de Cuse qui illustre ce trait remarquable. À l'image de bon nombre d'esprits de son époque, celui-ci réagit contre la scolastique. Il éprouve durement la pesanteur de ses raisonnements formels. Le caractère tatillon, voire inquisiteur, de sa théologie lui pèse. Toutefois, la conclusion de Nicolas de Cuse n'est pas de donner congé à la théologie, mais de revenir à celle-ci. À ses yeux, si la théologie s'est enlisée, ce n'est pas par excès, mais par défaut. Si les hommes avaient su pratiquer une théologie vivante, vécue de l'intérieur, ils ne se seraient pas égarés dans une théologie scolaire vécue de l'extérieur. Pour revenir à la théologie, il importe de changer de perspective. Dans la théologie thomiste (venant de saint Thomas d'Aquin), les esprits se sont trop habitués à s'appuyer sur un ordre tout fait allant de la nature à Dieu, grâce à la relation analogique faisant de la nature l'image de Dieu. Par là même, ils ont quelque peu perdu le sens de la profondeur de Dieu, comme celui de la nature et des hommes.

La nature et l'homme ont beau n'être qu'une image de Dieu, parce qu'ils sont une image de Dieu ils ont quelque chose d'insondable. Ils sont un mystère. Et inversement. Dieu, parce qu'il est le modèle de tout ce qui est, n'est pas une image parfaite de ce qui est, mais plus qu'une image. Il y a en ce sens un lien entre l'homme, la nature et Dieu. Ce lien est bien celui d'une analogie. D'une image, l'homme et la nature étant une image de Dieu. Mais ce lien n'est pas celui que l'on croit. Il n'est pas visible, mais invisible. Il n'est pas cernable, mais insondable. Pour connaître Dieu, il ne faut donc pas s'appuyer sur ce qui est. Sur le visible. Mais sur ce qui n'est pas. Sur l'irréductible. L'irréductible de l'homme. L'irréductible de la nature. L'irréductible de Dieu. Dieu et l'homme, Dieu et la nature communiquent. D'une façon singulière. Ils communiquent d'irréductible à irréductible. Il convient donc de s'ouvrir à une autre vision des choses. Ne pas hésiter à voir Dieu comme infini. Et l'homme ainsi que la nature comme infinis également. Socrate, en disant que la seule chose qu'il sait c'est qu'il ne sait rien, avait déjà eu le sens de la nescience, qui est ce « savoir ne pas savoir ». Denys l'Aréopagite a eu aussi ce sens de la nescience en disant que l'on connaît Dieu de ne pas le connaître.

Ces pensées convergent vers un même centre. Si l'on veut pouvoir trouver le lien entre l'homme et Dieu, il ne faut pas avoir peur de passer par l'infini. Par le mystère. Il faut oser dire que l'homme et la nature sont sans image. Et que c'est en ce sens qu'ils sont des images de Dieu. Ou encore il faut oser dire que l'homme et la nature sont libres. Ouverts. Pari inouï. Pari de liberté. Autre façon de penser. De préparer la Renaissance. Non pas comme culte de l'homme. Mais comme ouverture.

Les sources vives

Érasme et l'esprit de la Renaissance

« Les gens de ce monde tiennent sur moi, la Folie, bien des propos et je sais tout le mal qu'on entend dire de la Folie, même chez les fous. C'est pourtant moi et moi seule qui réjouis les dieux et les hommes. Dès que vous me voyez, votre physionomie se transforme. Ce que des rhéteurs n'obtiennent par leurs discours qu'à grand effort de préparations, c'est-à-dire chasser des âmes l'ennui, pour y réussir je n'ai qu'à me montrer. »

Érasme, *Éloge de la Folie.*

Dante comme Nicolas de Cuse illustrent bien à leur façon le bouleversement qui a lieu à la fin du Moyen Âge et qui va se préciser avec la Renaissance. Celui-ci se caractérise par un fort désir d'intériorité. L'homme de la Renaissance ne veut plus demeurer extérieur au monde ni que le monde lui demeure extérieur. Il veut être au cœur du monde et que le monde soit en lui. D'où un nouveau rapport au monde. Un rapport fait de passion. D'appétit de vivre et, dans cet appétit de vivre, de refus à l'égard d'une vie abstraite et théorique. À l'enseignement scolastique souvent dogmatique qui demandait que l'on répétât la parole du maître (le *magister*) – Aristote en l'occurrence dont saint Thomas a été le porte-parole par excellence – l'homme de la Renaissance oppose sa passion, son énergie, ce que Machiavel avait déjà développé sous le nom de *virtu*. L'homme de la Renaissance veut faire des expériences. Partir à la recherche. Découvrir. Prendre des risques. Il veut vivre autrement. Dans un monde passionné et passionnant. Aussi s'enchante-t-il en dressant un nouveau tableau de la réalité fondé non plus sur des ressemblances, c'est-à-dire des jeux de miroirs.

De l'homme aux planètes, des planètes à l'homme, du microcosme au macrocosme, du macrocosme au microcosme, en passant par les minéraux, les végétaux et les animaux, tout se parle et tout parle. Tout vibre. Tout murmure un langage bruissant partout répercuté. De ce fait, l'homme est chez lui partout puisqu'il a des analogies avec tout. Mais il est en même temps au-delà de lui partout puisque les analogies qu'il a avec tout lui montrent partout des visages surprenants. Tout est langage donc. Tout est surprise aussi. Tout est familier. Tout est étrange. Les deux étant inséparables et débouchant sur cette nouvelle figure du monde : le dédoublement. Tout est double. À l'univers ordonné et hiérarchisé d'Aristote et de saint Thomas succède un monde sans ordre. Un monde de jeu et de fête. Passion ! Fête ! Ces mots expriment bien l'énergie nouvelle qui traverse la Renaissance et dont témoigne Érasme.

Dans l'*Éloge de la Folie*, celui-ci met en relation le Christ, la folie et l'intériorité. Ces termes n'ont apparemment rien à voir. En fait, ils sont liés. Car aux yeux d'Érasme, le Christ, qui est le Fils de Dieu, dépasse la condition humaine par la sagesse divine dont il fait preuve dans son enseignement comme dans sa vie. À ce titre, il y a une démesure du Christ. Une folie du Christ, au sens où cette folie provient du caractère extraordinaire du Christ. Si tel est le cas, il importe d'en tirer les conséquences. En particulier celle-ci : s'il y a une démesure du Christ, il y a un côté christique de la démesure. Concrètement, cela veut dire que faire preuve de passion, vivre dans un monde de fête, de dédoublement, de jeu à l'image de la passion, n'est pas contraire au Christ mais conforme à celui-ci. L'homme de la Renaissance peut donc s'ouvrir à la passion et au jeu. Il peut aller dans la démesure chercher une énergie nouvelle. Il n'y a là rien de contraire à l'Église, puisque le Christ a agi de la sorte. En étant ainsi dans l'homme et la démesure de l'homme, on est en Dieu, dans la transcendance de Dieu. Il y a dans la passion quelque chose de divin qui conduit au dépassement.

Luther et l'esprit de la Réforme

« La première règle à observer avant tout est que nous nous gardions avec le plus grand soin de rien commencer en nous fiant à notre grande puissance ou raison, quand bien même toute la puissance du monde serait nôtre, car Dieu ne peut ni ne veut supporter qu'on entreprenne une bonne œuvre, en se fiant à sa seule raison et puissance. Il la jette à terre sans qu'on puisse rien faire. Comme il est dit au Psaume 33 : "Aucun roi ne triomphera par sa grande puissance, ni aucun prince par l'étendue de ses forces." »

Luther, *À la noblesse chrétienne.*

Il ne faut pas négliger les controverses théologiques ou métaphysiques. Car c'est souvent là que se dessinent les enjeux d'une époque. C'est le cas des polémiques religieuses qui ont secoué la Renaissance. Il est impossible en effet de comprendre cette dernière sans mentionner le protestantisme, et avec lui la figure de Martin Luther. Certes, celui-ci n'est pas un philosophe. Et pourtant… Sa théologie est au cœur d'une problématique philosophique nouvelle qui nous habite encore aujourd'hui.

Le protestantisme est, à l'origine, une protestation contre la décadence d'une partie de l'Église catholique. Au XVIe siècle, Luther – qui est moine – constate que certains prêtres se livrent à une sorte de trafic. Le trafic des indulgences. En échange d'argent destiné à des aumônes ou à l'entretien de l'Église, ceux-ci promettent le pardon dans l'au-delà pour certaines fautes au moment du Jugement dernier. Luther se scandalise. Le pardon ne s'achète pas. Et, *a fortiori*, il ne se vend pas. Il faut donc réagir contre le commerce que l'on peut faire de la grâce en entreprenant une réforme radicale. Pourquoi en est-on arrivé là ?

Avant tout, les chrétiens ne lisent plus les Évangiles ni la Bible. Ils écoutent des services religieux en latin (langue qu'ils ne connaissent pas) sans comprendre le message théologique véhiculé par la liturgie à laquelle ils participent. Il importe donc de se remettre à lire les Évangiles ainsi que la Bible. Et pour cela il devient urgent de les traduire. Ce que Luther accomplit.

Il traduit la Bible en allemand. Par ailleurs, il existe un problème moral. Les chrétiens qui lisent la Bible ne mettent pas leurs actes en conformité avec les paroles qui y sont dites. D'où l'urgence d'un retour à la morale. Il faut que chacun procède à un examen de conscience et comprenne que la foi passe par les actes. Enfin, il faut revenir à un sens de la grâce. C'est Dieu qui fait le salut de l'humanité et non l'humanité. Dieu a choisi de toute éternité ceux qu'il veut sauver. Il les a élus et prédestinés au salut. Ce qui ne veut pas dire que tout est joué d'avance. En fait, comprendre que Dieu a choisi ses élus signifie que le salut vient de Dieu et de lui seul. L'homme participe au salut. Il ne le crée pas par lui-même. La prédestination, de ce fait, doit être comprise dans la perspective du salut comme une vérité permettant à l'homme de se délivrer de l'orgueil. Si rien n'était prédestiné, les hommes pourraient croire que tout vient d'eux. Ils tomberaient alors dans l'orgueil. Le salut deviendrait impossible. Grâce à la prédestination, il est possible d'agir sans tomber dans l'orgueil. En fait, la prédestination est là pour rappeler que l'homme doit agir tout en se soumettant à Dieu. C'est alors qu'étant ainsi dans une logique d'obéissance, il en arrive à être celui qui est signe parmi les hommes, en témoignant de sa foi par ses actes et sa conscience. Par son aptitude aussi à l'interprétation de la Bible. À travers la notion d'obéissance, tout devient clair chez Luther. La grâce de Dieu cesse d'être incompatible avec l'action des hommes. Qui obéit à Dieu développe action et conscience dans sa soumission à Dieu. Qui développe action et conscience est fidèle à Dieu.

Giordano Bruno et le sens de l'infini

« En demeurant attaché à une beauté corporelle et à un culte extérieur, il est possible de se maintenir dans l'honneur et la dignité ; pourvu que, de la beauté matérielle où transparaît la splendeur de la forme et de l'acte spirituels dont elle est le vestige et l'ombre, l'amant s'élève à la considération et au culte de la beauté, de la lumière et de la majesté divines ; en sorte que, partant des choses visibles, il tende dans un élan de son cœur magnifié, vers celles qui sont d'autant plus excellentes en elles-mêmes, et d'autant plus agréables à l'esprit ayant retrouvé sa pureté qu'elles sont plus éloignées de la matière et de ses sens. »

Giordano Bruno, *Des fureurs héroïques.*

En montrant que l'homme ne peut s'intérioriser qu'en se détachant du monde et en laissant celui-ci libre, ouvert, détaché face à lui – autrement dit infini –, Nicolas de Cuse a poursuivi un projet d'ordre théologique. Celui, proprement mystique, de spiritualiser l'homme. De le pousser à s'intérioriser. Après lui, Giordano Bruno va s'inspirer de cette démarche, mais dans une tout autre perspective. Une perspective humaniste.

Bruno est vivement opposé à la vision aristotélicienne d'un monde hiérarchisé. Celle-ci lui paraît figée, lourde, contraire au monde vivant qui se déploie sous nos yeux. Alors que l'ordre aristotélicien fige tout dans un carcan, la nature est liberté. Foisonnement. Exubérance. Il convient donc de revenir à la réalité des choses et de se resituer dans la vie. Car c'est la vie qui caractérise la réalité. D'où deux bouleversements majeurs opérés par Bruno. Le premier concerne l'homme. Qu'est-ce que l'homme ? Un animal doté de langage et de raison, comme le dira Aristote ? Non, répond Bruno. C'est un héros. Pourquoi ? Parce que ce sont le courage, la force et finalement la vie qui font l'homme et son humanité. Bruno place l'humanité de l'homme dans la force et le courage. Car, avec ces qualités, on est en présence de qualités proprement humaines.

Ce changement de point de vue illustre bien le nouvel état d'esprit qui va de la terre au ciel et non du ciel à la terre.

À côté d'une nouvelle vision de l'homme, Bruno développe une nouvelle conception de

Dieu. Chez Aristote, Dieu est pensé comme le Premier Moteur qui meut l'univers. Dans le christianisme, il est pensé comme le créateur du monde. Ces deux doctrines ont un point commun. Dans les deux cas, elles ont tendance à faire de Dieu une cause étrangère au monde. D'un côté, on trouve Dieu, cause ou principe de création. D'un autre, il y a le monde qui est l'effet d'une cause, autrement dit rien de causant. Rien de créateur. Or est-ce le cas ? Non, répond Bruno. La nature ne nous montre-t-elle pas qu'elle est vivante, causante et créatrice ? Il convient donc de modifier notre vision de Dieu afin d'apercevoir que celui-ci n'est pas une cause éloignée mais une cause rapprochée du monde. Dieu n'est pas au-delà de la nature, mais dans la nature. Il est son principe continu de création. De sorte que, s'il n'y a pas de nature sans Dieu, il n'y a pas de Dieu sans nature. Car si Dieu pouvait être sans nature, il ne serait pas Dieu.

Bruno soumet-il Dieu à la nature en disant cela ? Des théologiens l'ont pensé. C'est la raison pour laquelle il a été brûlé. On l'a accusé de confondre Dieu et la nature. Et même de mettre la nature au-dessus de Dieu. En fait, Bruno défend l'idée d'un Dieu proche. Quasi palpable. Présent dans la vie. D'où un nouveau visage de la nature sous la forme d'une nature libre, créatrice. Avec pour conséquence un retour à l'atomisme. Car si Dieu est proche de la nature, cela signifie qu'il est présent en chacun de ses points et que celle-ci est composée d'atomes qui sont autant de points de vue sur Dieu. Nicolas de Cuse pensait que Dieu se définit par la coïncidence des opposés. Car ce qui est infini est partout et nulle part. Infiniment petit donc et infiniment grand. Pour Bruno, la coïncidence des opposés réside dans les atomes qui, chacun de son point de vue, reflètent l'infini. Signe d'un profond bouleversement des choses.

Paracelse
et la « médecyne alchymique »

« Le ciel et la terre sont faits du néant, mais ils se composent de trois corps, du mercure, du soufre et du sel. Ces corps comprennent les planètes, et tous les astres, non seulement les astres mais aussi tous les corps qui naissent et qui croissent à partir d'eux. Voilà ce qu'est le grand monde et personne ne peut contredire ni supprimer ces trois matières dont je vous ai parlé. L'homme est fait à partir du grand monde et il contient ce que contient le grand monde. L'homme n'est donc que mercure, soufre et sel. »

Paracelse, *Œuvres médicales.*

Avec la passion, avec l'image du monde comme fête, la Renaissance cherche à re-naître. Elle veut revenir aux sources d'une vie libre, créatrice, vivante, lumineuse, débarrassée de la poussière et de la nuit qui, parfois, enveloppent la vie d'un manteau épais. D'où le terme de Re-naissance (nouvelle naissance). Toutefois, passion et fête ne résument pas son état d'esprit. Car le tableau de celui-ci ne serait pas complet sans un terme dont le poids n'est pas négligeable : la magie. Les esprits de la Renaissance ont été fascinés par la magie, l'astrologie, l'alchimie et l'ésotérisme, c'est-à-dire l'existence d'une science sacrée, secrète, courant au cœur du réel comme une rivière souterraine. Ils ont cru qu'il existait dans les profondeurs de la réalité un langage délivrant une connaissance surnaturelle à qui en possédait la clef. Cette idée n'est pas neuve. Elle renvoie à l'idée d'une âme du monde que l'on trouve déjà chez Platon. Sauf que la Renaissance va lui redonner un lustre en l'envisageant sous la forme d'un réseau d'analogies parcourant le monde afin d'y tresser des liens mystérieux. Par un tel réseau, le savant de la Renaissance a fondé une science nouvelle jetant un pont entre l'homme et le monde puisque le monde des intuitions humaines s'est trouvé avoir un écho dans le monde des réalités naturelles et inversement à travers un subtil jeu de correspondances.

L'alchimie est la science qui prétend pouvoir changer le plomb en or, à travers toutes sortes d'opérations « chimiques ». En fait, la véritable alchimie a un sens intérieur et non extérieur, puisqu'elle prétend transformer la matière en or de l'esprit. Son problème n'est pas tant d'acquérir le pouvoir de l'argent qui nous enchaîne à la possession de la matière, que de nous délivrer de la pesanteur que représente le désir de possession matérielle. À l'aube de la Renaissance, Paracelse l'a compris, au point de donner à cette idée une portée maximale. Médecin, celui-ci a une interprétation médicale de l'alchimie. L'homme est un corps. Mais il est aussi une âme. Ce qui n'est pas, selon lui, séparable. Ne dit-on pas que l'on prend corps en prenant forme et que l'on prend forme en prenant corps ? Signe d'un entrelacement entre forme (esprit) et corps (matière). Signe également d'une correspondance entre l'homme (conscience) et le monde (vie inconsciente). L'alchimie s'éclaire à partir de ce constat. Si en effet le corps prend corps en prenant forme, n'est-ce pas le signe qu'il prend corps en s'imaginant ? N'est-ce pas le signe que la matière devient matière en se métamorphosant grâce à l'esprit ? L'or de la vie n'est-il pas un corps capable de devenir pleinement corps grâce à la vertu de l'imagination, alors que le plomb de la vie est un corps incapable de s'imaginer ? L'imagination humaine peut faire de l'or. Et c'est tout le sens de l'alchimie. Celle-ci est une médecine psychosomatique, qui a découvert qu'en agissant sur l'âme et l'imaginaire des hommes, on pouvait soutenir le corps dans son effort de guérison lors d'une maladie. Quand on l'a compris, il est possible d'aller plus loin en voyant que la correspondance âme-corps concerne celle de l'homme (microcosme) et du monde (macrocosme). Il y a du mal dans le monde. Mais il est possible de le convertir en bien. Par l'imagination. En cessant de voir le mal comme un mal afin de le voir comme un bien.

La Boétie et la responsabilité

« Celui qui vous maîtrise tant n'a que deux yeux, n'a que deux mains, n'a qu'un corps, et n'a autre chose que ce qu'a le moindre homme du grand nombre infini de vos villes ; sinon ce qu'il a plus que vous tous, c'est l'avantage que vous lui faites pour vous détruire. D'où il a pris tant d'yeux dont vous épie-t-il, si vous ne les lui donnez ? Comment a-t-il tant de mains pour vous frapper, s'il ne les prend de vous ? Les pieds dont il foule vos cités, d'où les a-t-il s'il ne les prend de vous ? Comment a-t-il aucun pouvoir sur vous, que par vous autres mêmes ? Comment vous oserait-il vous courir sus, s'il n'avait intelligence avec vous ? »

La Boétie, *Discours sur la servitude volontaire.*

La Renaissance a changé la vision du monde que l'on pouvait avoir dans tous les domaines. Y compris le domaine politique. Avant la Renaissance, il est possible de résumer l'esprit de la politique en disant qu'il est marqué par la hiérarchie. À l'image d'un univers allant de la nature à Dieu en passant par tous les degrés de la vie et de l'intelligence, la société est hiérarchisée, des sujets au roi en passant par tous les degrés de l'échelle sociale. Et ce, afin de se calquer sur une vision religieuse et théologique des choses mettant le salut au centre de toute vie et donc de toute politique. Témoin, saint Augustin subordonnant la Cité des hommes à la Cité de Dieu, considérée comme sens de la Cité des hommes. À la Renaissance, cette vision des choses change. Pourquoi ? Parce que le point de vue sur les choses change. On se met à douter de l'existence d'un seul ordre dans la nature et en particulier d'un ordre hiérarchique. On se pose aussi des questions au sujet de la religion. Faut-il subordonner le pouvoir politique au pouvoir religieux ? Il n'est pas sûr que ce soit là un facteur d'ordre et de salut. En Italie, la campagne menée par un moine, Savonarole, pour purifier les mœurs et imposer la religion s'est transformée en une guerre civile illustrant le paradoxe dans lequel oscille tout pouvoir religieux : celui d'être, en l'occurrence, ou trop politique pour être religieux ou trop religieux pour être politique.

La confusion entre Dieu et César n'est pas forcément souhaitable pour le salut des âmes comme pour la conservation de la paix sociale. C'est la raison pour laquelle Machiavel se propose de distinguer le plan des hommes du plan de Dieu, en pensant la politique autrement. Comment ? Par le choix d'un nouveau point de départ. Il faut partir des hommes tels qu'ils sont (à savoir des membres de la nature) et non des hommes tels qu'ils devraient être (à savoir des citoyens du ciel). À cet égard, il importe d'être lucide. Les hommes ne sont pas des anges mais des hommes. Ils ont des passions. Du fait de leur égoïsme. Aussi n'est-il pas étonnant que le conflit guide leurs actions. La société est-elle impossible ? Non. Il existe malgré tout une possibilité de construire la société. Du fait de grands hommes qui, par leur force, sont parvenus à tenir en respect la violence collective et à faire régner un climat de sécurité ouvrant sur la possibilité d'une entente entre les hommes et d'une prospérité économique. Il faut donc envisager la politique comme on fait la guerre. En s'inscrivant judicieusement dans une logique de rapports de forces grâce à son propre rapport de force, maîtrisé et calculé. Cette conception froide de la politique inaugure la politique moderne et sa vision technique, mécanique et militaire des choses. Elle est efficace. Mais elle pose des questions. Est-il si vrai que cela qu'il faille prendre les hommes tels qu'ils sont et renoncer à tout idéal ?

Ce n'est pas sûr, clame Thomas More, qui s'oppose à Machiavel. Le réalisme cynique n'est pas forcément la meilleure façon de lutter contre la violence mais bien plutôt celle de laisser végéter les hommes dans celle-ci. Car si l'on ne réforme pas la société, jamais on ne viendra à bout de la violence. Il faut donc être réaliste jusqu'au bout et dire que l'utopie n'est pas irréaliste. Réalisme ? Utopie ? La Boétie propose une troisième voie. La politique ne se fonde pas sur l'être ou sur le devoir être, dit-il, mais sur l'homme. À ce titre, on a les gouvernements que l'on mérite. Si l'on s'accommodait moins de la violence et de la tyrannie en pratiquant une forme de servitude volontaire, peut-être le monde serait-il autre. Tâchons de ce fait de vivre debout et non couché. L'utopie commençant par nous-mêmes, nous aurons des chances de faire échec à la violence et au cynisme.

La pensée de La Boétie est utile. Celui-ci ne cherche pas à dire que les victimes l'ont bien cherché mais que les tyrans ne sont pas aussi forts qu'ils paraissent l'être. La tyrannie n'est pas une fatalité, le tyran ne se nourrissant que de ce que les hommes lui ont abandonné. Les hommes prennent quelque chose pour leur liberté. Il suffit de le vouloir. La Boétie ne dit pas que les hommes veulent être esclaves mais plutôt qu'ils ne veulent pas vouloir. C'est l'absence de vouloir vouloir qui fait la servitude.

Montaigne et la sagesse

« C'est un sujet merveilleusement vain, divers et ondoyant que l'homme. Il est malaisé d'y fonder jugement constant et uniforme. »

Montaigne, *Essais I.*

La Renaissance a été un siècle de passion et d'enthousiasme. Mais elle a été aussi un siècle de scepticisme et d'inquiétude. Pourquoi une telle dualité ? À cause de l'humanisme lui-même et, dans l'humanisme, à cause du fait toujours ambigu de vouloir humaniser le monde. En effet, humaniser le monde, c'est assurément, en transportant l'homme dans le monde, permettre à celui-ci de se retrouver dans les choses grâce à un jeu de miroirs créant un rapport d'intimité et de familiarité. Mais c'est aussi créer une distance.

Une étrangeté. Car, quand l'homme s'identifie au monde et dans le monde aux astres, aux animaux, aux végétaux ou aux minéraux, il se met à parler d'ailleurs que de l'homme. Si bien qu'il en vient peu à peu à devenir un étranger pour lui-même, les planètes, les animaux, les plantes et les minéraux devenant soudain trop humains alors que l'homme, lui, se met à se perdre dans les multiples facettes de la matière. La Renaissance a vécu simultanément ce caractère familier et étranger de l'homme. D'où, en elle, la présence constante du paradoxe, de la contradiction, du dédoublement de la réalité et finalement de la démesure. Témoin, l'idée présente en elle, selon laquelle le monde est un jeu du fait d'une logique bizarre. Ce sens de la contradiction a nourri la vision du monde que l'on trouve chez Nicolas de Cuse qui en a fait une interprétation mystique, comme elle a nourri la vision du monde de Paracelse qui en a fait une interprétation alchimique. De ce fait, la contradiction a eu des effets stimulants.

Mais elle a eu également une autre face. Celle débouchant sur le scepticisme, comme en témoigne Montaigne.

Si ce dernier, comme tous les hommes de la Renaissance, part de l'homme pour comprendre le monde, sa vision du monde prend un autre tour qu'un tour mystique ou ésotérique. Pour Montaigne en effet, partir de l'homme, cela ne consiste pas à s'installer dans un rapport entre l'homme et le monde parcouru par du familier et de l'étrange, mais à constater que l'homme est divers. Autre forme de contradiction. Sa vérité est de ne pas avoir de vérité. Son unité est de ne pas avoir d'unité. Son identité est de ne pas avoir d'identité. Ce constat paraît banal. Il ne l'est pas. En 1492, Christophe Colomb a découvert un nouveau continent, confirmant qu'il y a d'autres sociétés et, à travers ces sociétés, d'autres organisations sociales possibles que l'organisation européenne et chrétienne. Cette diversité frappe les esprits de l'époque qui posent pour la première fois la grande question moderne. Où est le centre ? Sur quoi peut-on se fonder ? Si tout « branle », si tout est divers, relatif, mobile, y a-t-il encore une vérité possible ? Y a-t-il par là même encore une morale que l'on puisse suivre ? Il y en a une. C'est celle du relativisme et plus précisément du scepticisme qui doute de tout. La relativité est la réponse à la question que pose la relativité. Pourquoi ? Parce que, avant tout, le fait de tout relativiser conduit à vivre sans violence en étant à distance des choses. Ensuite, parce que cela permet d'être en accord avec un monde toujours mouvant. Donc de créer ainsi une harmonie au sein du désordre. Enfin, si tout est ainsi mobile, n'est-ce pas le signe que l'absolu n'est pas de ce monde et qu'il est d'un autre ordre ? Le doute bien compris est donc plus sage qu'il n'y paraît.

La balade se poursuit dans le tome 2 :
Boulevard des philosophes
De la Renaissance à aujourd'hui.

Glossaire

Acte : signifie la pleine actualisation du possible. En ce sens, il s'oppose à la puissance qui est possibilité idéale, non encore réalisée. Chez Aristote, l'acte renvoie à l'intelligence, car elle illustre la pleine indépendance à l'égard de soi.

Bien : chez Platon, le Bien est le principe qui explique qu'il y ait des idées, et d'une façon générale tout ce qui en dérive. Il est ce qui maintient l'unité de la forme avec elle-même.

Bonheur : principe d'harmonie plus que principe de plaisir, le bonheur est une façon de devenir un avec soi-même comme la nature peut être une avec elle-même.

Cabale : ensemble de commentaires secrets et ésotériques de la Bible dans le judaïsme.

Conscience : faculté d'éveil et de présence au monde. Faculté morale de discernement du Bien et du Mal. Expression subjective au niveau du moi du domaine de l'esprit en général.

Contemplation : état suprême d'unité avec soi et avec le monde. Chez Aristote, la contemplation est l'état même de Dieu.

Contradiction : catégorie nouvelle qui apparaît à la Renaissance. Utilisée pour désigner le caractère complexe, irréductible, dynamique, conflictuel de la réalité.

Création : passage du vide, où il n'y a rien, à l'existence où il y a quelque chose.

Dialectique : vient de dialogue. Fait de parvenir à l'unité avec autrui à travers le dialogue. La dialectique pense donc que l'opposition des points de vue est quelque chose de positif.

Différence ontologique : désigne le fait que, dans ce qui existe (l'étant), il y a quelque chose et pas rien (l'être). Sans l'étant nous ne prendrions pas conscience de l'être. Mais sans l'être nous n'aurions pas conscience de l'étant.

Essence : désigne la nature fondamentale de quelque chose, sa définition logique stable et invariable, quelles que soient les circonstances.

Étant : manifestation de l'être, qui voile et dévoile celui-ci. Il est la façon qu'a l'être d'être tout, en dépassant le simple fait d'être.

Être : désigne la réalité fondamentale à la base de toutes les autres réalités. Pour Parménide, l'être est stable, invariable, identique à lui-même. L'être est le réel du réel.

Existence : manifestation concrète et vivante de quelque chose. L'existence s'oppose à l'essence par son côté vivant et concret, alors que l'essence est plutôt abstraite et logique.

Filioque : doctrine au sujet de la Trinité, défendant l'idée que le Saint-Esprit descend du Père et du Fils. L'Église d'Orient a vu dans le *Filioque* une rationalisation de la Trinité, aboutissant à faire dépendre les personnes de la Trinité d'une nature.

Idée : forme qui donne forme à la matière. À ne pas confondre avec le sens moderne qui fait de l'idée un produit de l'imagination et donc une image inventée par l'homme. L'Idée existe en soi, avant l'homme et son imagination.

Incarnation : dans le christianisme, l'incarnation signifie que Dieu a pris chair sous la forme de son Fils, le Christ. L'incarnation signifie le côté « extraordinaire » de Dieu, qui, sans cesser d'être invisible, peut devenir visible.

Intelligence : désigne la capacité de saisir la réalité des choses par la réflexion et l'abstraction.

Justice : principe gouvernant la nature et assignant à chaque chose sa place et sa fonction.

Logos : ce qui lie. Rapport. Et donc, langage, raison.

Loi : dans le judaïsme, la Loi ou Torah désigne la vie dont la structure fondamentale, comme principe créateur, s'accomplit dans l'action morale, laquelle représente, à travers la perfection humaine, la plus haute manifestation de la vie humaine.

Matérialisme : doctrine partant de ce qui est afin d'arriver à être dans ce qui est. Le matérialisme s'oppose à l'idéalisme, qui se fonde sur ce qui devrait être.

Phénoménologie : science des phénomènes, de ce qui se manifeste dans l'existence. Par extension, science qui étudie le vécu comme fondement de la science. Pour la phénoménologie, l'Être n'est pas le contraire du devenir, car il se vit, se manifeste. Donc, la phénoménologie réconcilie l'Être et le devenir en étudiant le vécu.

Plan supérieur : plan qui renvoie au côté surnaturel des choses, qui est le plan de la révélation. Plan proprement divin de la réalité.

Premier Moteur : chez Aristote, désigne ce qui est à la source du mouvement que l'on trouve dans la nature.

Raison : faculté d'établir des rapports justes entre les choses, les événements et avec autrui.

Saint-Esprit : désigne l'une des trois personnes de la Trinité. Dieu qui est Un s'exprime par l'Un. Cette harmonie qui exprime Dieu et qui est l'autre face de Dieu correspond à l'Esprit-Saint.

Scepticisme : doctrine consistant à pratiquer le doute et à suspendre son jugement afin d'éviter des jugements erronés.

Sophistique : courant de pensée relativiste déléguant à la discussion et au langage le soin de déterminer les valeurs. Par extension, rapport artificiel au langage né de son abus.

Stoïcisme : autre grande sagesse antique à côté de l'épicurisme. Consiste à vivre en s'accordant avec le destin voulu par les dieux.

Talmud : ensemble de commentaires moraux, pratiques et juridiques éclairant la vie quotidienne dans le judaïsme.

Théologie : science qui étudie Dieu. On trouve la théologie rationnelle ou naturelle qui s'efforce de remonter jusqu'à Dieu à partir d'une simple analyse rationnelle de la réalité. On trouve aussi la théologie dite négative qui s'efforce de montrer ce que Dieu n'est pas, afin de préserver le mystère de celui-ci.

Theoria : pour les Anciens, contemplation. Pour les modernes, construction abstraite ayant valeur de modèle.

Trinité : la Trinité désigne ce qu'est Dieu dans le christianisme. Dieu est tellement Un qu'il est trois fois Un. La Trinité est l'autre nom de l'unité de Dieu pour les chrétiens.

Un : terme qui caractérise Dieu dans le monothéisme. Terme qu'il faut prendre en un sens moral. Dire que Dieu est Un signifie que Dieu est harmonie, que l'on trouve au sein de l'être qui est par excellence le fait d'être « un » avec lui-même.

Univocité : terme utilisé par Duns Scot pour désigner le fait que l'être n'a qu'un seul sens. L'être de l'homme n'est donc pas différent de l'être de Dieu. Il n'est pas de ce fait une analogie de l'être divin.

Vertu : principe de sagesse, la vertu consiste à se soumettre à ce qui est raisonnable et à parvenir ainsi à s'accorder avec ce qui est.

Les philosophes et les penseurs cités dans cet ouvrage

ABOULAFIA Abraham (1240-1300)

ALAIN (1868-1951)

ANAXIMANDRE (v. 610-apr. 546 av. J.-C.)

ANSELME (saint) (1033-1109)

ARISTOTE (384-322 av. J.-C.)

AUGUSTIN (saint) (354-430)

AVERROÈS (1126-1198)

AVICENNE (980-1037)

BACHELARD Gaston (1884-1962)

BERGSON Henri (1859-1941)

BOÈCE (480-524)

BOUDDHA (566-v. 480 av. J.-C.)

BRABANT Siger de (1235-1281)

CLÉMENT D'ALEXANDRIE (150-216)

CLISTHÈNE (seconde moitié du VIe s. av. J.-C.)

COMTE Auguste (1798-1857)

CUSE Nicolas de (1401-1464)

DAMASCÈNE Jean (VII-VIIIe apr. J.-C.)

DANTE (1265-1321)

DÉMOCRITE D'ABDÈRE (v. 460-v. 370 av. J.-C)

DENYS L'ARÉOPAGITE (500-525)

DESCARTES René (1596-1650)

DIOGÈNE Laërce (IIIe siècle av. J.-C.)

DUNS SCOT (1266-1308)

ECKART dit Maître (1260-1327)

ELIADE Mircea (1907-1986)

EMPÉDOCLE D'AGRIGENTE (v. 490-v. 435 av. J.-C.)

ÉPICTÈTE (50-125 ou 130)

ÉPICURE (341-270 av. J.-C.)

ÉRASME (1469-1536)

FREUD Sigmund (1856-1939)

GALILÉE (1564-1642)

GILSON Étienne (1884-1978)

GIORDANO Bruno (1548-1600)

GRÉGOIRE DE NYSSE (335-394)

GRÉGOIRE PALAMAS (saint) (1296-1359)

HALEVI Judah (1075-1141)

HEGEL (1770-1831)

HEIDEGGER Martin (1889-1976)

Héraclite d'Éphèse (v. 576-v. 480 av. J.-C.)
Hume David (1711-1776)
Husserl Edmund (1859-1938)
Ibn 'Arabi (1165-1241)
Ibn Gabirol (1020-1058)
Isaïe (746-701 av. J.-C.)
Jaspers Karl (1883-1969)
Kierkegaard (1813-1855)
Lao Tseu (v. 572-v. 490 av. J.-C.)
Leibniz (1646-1716)
Levinas Emmanuel (1905-1995)
Lucrèce (v. 98-v. 55 av. J.-C.)
Luther Martin (1483-1546)
Machiavel Nicolas (1469-1527)
Maimonide (1135-1204)
Moerbeke Guillaume de (1215-1286)
Mohammed, le prophète (571-632)
Moïse de León (1240-1305)
Moïse de Narbonne (1300-1362)
Montaigne Michel de (1533-1592)
More Thomas (1478-1535)
Nietzsche Friedrich (1844-1900)

Ockham Guillaume d' (1285-1349)

Origène (183-254)

Panetius de Rhodes (v. 180-v. 110 av. J.-C.)

Paracelse (1493-1541)

Parménide d'Élée (v. 504-v. 450 av. J.-C.)

Paul (saint) (v. 10-v. 63 av. J.-C.)

Philon d'Alexandrie (13 av. J.-C. -54 apr. J.-C.)

Platon (428-348 av. J.-C.)

Plotin (v. 205-v. 270)

Proclus (412-485)

Protagoras (485-411 av. J.-C.)

Proust Marcel (1871-1922)

Pyrrhon (v. 365-v. 270 av. J.-C.)

Pythagore (v. 570-v. 480 av. J.-C.)

Rabelais François (1494-1533)

Rashi (fin du XIe, début du XIIe siècle)

Savonarole (1452-1498)

Sénèque (v. 2 av. J.-C.-65 apr. J.-C.)

Sextus Empiricus (IIe-IIIe siècle av. J.-C.)

Simplicius (v. 500)

Socrate (470-399 av. J.-C.)

Solon (v. 640-v. 558 av. J.-C.)

SOPHOCLE (496-406 av. J.-C.)

SPINOZA Baruch (1632-1677)

TEMPIER Étienne (1210-1279)

THALÈS DE MILET (fin VIIe -déb. VIe s. av. J.-C.)

THOMAS D'AQUIN (saint) (1228-1274)

VOLTAIRE (1694-1778)

XÉNOPHANE (VIe siècle av. J.-C.)

ZÉNON DE KITION (v. 335-v. 264 av. J.-C.)

BIBLIOGRAPHIE

Les philosophes anciens

Pour commencer

BRUNSCHWIG (Jacques) et LLOYD (Geoffrey), *Le Savoir grec*, Flammarion, 1996.

Une somme. Pour tout savoir sur la Grèce.

HEGEL, *Histoire de la philosophie - La philosophie grecque*, Vrin, 1972.

Visionnaire. Comme toujours avec Hegel.

NIETZSCHE, *La Naissance de la philosophie à l'époque de la tragédie*, Gallimard, 1969.

Une analyse fulgurante des débuts de la pensée.

VERNANT (Jean-Pierre), *Mythe et pensée chez les Grecs,* Maspero, 1974.

Un livre passionnant qui fait date dans l'étude des débuts de la raison.

VERNANT (Jean-Pierre), *Les Origines de la pensée grecque,* PUF, 1981.

Pour tout comprendre sur les origines de la pensée en Grèce. Remarquablement clair.

Sur les présocratiques

BATTISTINI (Yves), *Trois présocratiques,* Gallimard, 1968.
Une traduction très poétique de Parménide, d'Héraclite et d'Empédocle.

BRUN (Jean), *Les Présocratiques*, coll. « Que sais-je ? », PUF, 1982.
Une introduction simple et efficace.

DUMONT (Jean-Paul), *Les Présocratiques,* Bibliothèque de la Pléiade, Gallimard, 1988.
Un outil indispensable.

HEIDEGGER (Martin), *Introduction à la métaphysique,* Gallimard, 1980.
Lire au chapitre IV l'analyse du *logos* chez Parménide et Héraclite.

Sur les grands moments de la pensée antique

Pour Platon :

CHAMBRY (Émile), *Œuvres de Platon*, Garnier-Flammarion, 1967.
Un classique.
À noter dans la même collection les nouvelles traductions de Monique Canto, Monique Dixaut et Luc Brisson.

Pour Aristote :

Tricot (Joseph), *La Métaphysique,* Vrin, 1991.
Un classique là aussi.

Voilquin (Jules), *Éthique à Nicomaque,* Paris, Garnier-Flammarion, 1965.

Pour le stoïcisme et l'épicurisme, on consultera avec profit les recueils de textes suivants :

Brun (Jean), *Les Stoïciens*, PUF, 1968.
Ces visites guidées à travers les œuvres des Anciens sont d'une aide précieuse.

Brun (Jean), *Épicure et les Épicuriens*, PUF, 1971.

Dumont (Jean-Paul), *Les Sceptiques grecs*, PUF, 1966.

Critiques
Sur Platon :

Alain, *Idées,* coll. « 10-18 », 1969.
Extrêmement stimulant.

Alexandre (Michel), *Lecture de Platon,* Bordas, 1968.
Un exemple de lecture par un maître oublié.

BRUN (Jean), *Platon et l'Académie*, coll. « Que sais-je ? », PUF, 1980.

Simple et utile.

Sur Aristote :

BRUN (Jean), *Aristote et le lycée*, PUF, 1983.

Très utile pour commencer.

Sur la morale antique en général :

HADOT (Pierre), *Qu'est-ce que la philosophie antique ?*, Gallimard, 1995.

Mieux qu'un livre sur la sagesse. Un livre plein de sagesse.

Sur le scepticisme :

CONCHE (Marcel), *Pyrrhon ou l'apparence*, Éditions de Megare, 1973.

Tonique. Comme le scepticisme en général.

Sur l'épicurisme :

BOLLACK (Jean), *Épicure. La Pensée du plaisir*, Éditions de minuit, 1975.

Le commentaire aigu d'un grand helléniste à qui on doit également un travail monumental sur Empédocle (Éditions de minuit, 1970) ainsi que sur Héraclite (Éditions de minuit, 1972).

BRUN (Jean), *L'Épicurisme,* coll. « Que sais-je ? », PUF, 1966.

Présentation brève et efficace.

SALEM (Jean), *Épicure et son école*, Vrin, 1993.

Un livre utile pour approfondir.

SERRES (Michel), *La Naissance de la physique dans le texte de Lucrèce*, Éditions de minuit, 1977.

Pour comprendre l'actualité scientifique des épicuriens. Stimulant.

Sur le stoïcisme :

BRUN (Jean), *Le Stoïcisme*, coll. « Que sais-je ? », PUF, 1958.

L'essentiel en peu de pages.

GOLDSCHMIDT (Victor), *Le Système stoïcien et l'idée de temps*, Vrin, 1969.

Éclairant et passionnant.

Sur la fin de la pensée antique

Éditions des textes

BRÉHIER (Émile), *Les Ennéades*, Les Belles Lettres, 1976. L'édition de référence.

DOMBART (B.) et KALB (A.), *Œuvres complètes de saint Augustin*, Desclée de Brouwer.
L'édition de référence.

ESLIN (Jean-Claude), *La Cité de Dieu*, Seuil, 1995.
Un texte capital accessible en poche. Un travail à saluer.

TRABUCCO (Joseph), *Les Confessions*, Garnier-Flammarion, 1966.
En livre de poche.

Critiques

BRÉHIER (Émile), *La Philosophie de Plotin*, Vrin, 1982.
Un classique. Il n'y a pas mieux.

GILSON (Étienne), *Introduction à l'œuvre de saint Augustin*, Vrin, 1982.
Pour comprendre saint Augustin.

Les philosophes du Moyen Âge et de la Renaissance

Ouvrages généraux sur les trois monothéismes

BRÉHIER (Émile), *La Philosophie du Moyen Âge*, Albin Michel, 1971.

Un grand classique. Un grand livre. Très clair.

CASARIL (Guy), *Rabbi Siméon Bar Yochai et la Cabale*, coll. « Maîtres spirituels », Seuil, 1977.

Une excellente introduction au judaïsme et à la Cabale.

CASSIRER (Ernst), *Individu et Cosmos*, Éditions de minuit, 1983.

Cassirer a tout compris de la pensée de la Renaissance et de sa naissance.

CLÉMENT (Olivier), *L'Église orthodoxe*, coll. « Que sais-je ? », PUF, 1995.

Une remarquable introduction à la théologie de l'Église d'Orient. Trop souvent ignorée.

CONCHE (Marcel), *Montaigne et la philosophie*, Éditions de Mégare, 1987. Un bel essai sur un bel esprit qui est aussi un beau penseur.

CORBIN (Henry), *Histoire de la philosophie islamique*, Gallimard, 1964.

Par le grand spécialiste de l'histoire de la pensée musulmane. Essentiel.

CORBIN (Henry), *L'Imagination créatrice dans le soufisme d'Ibn Arabi*, Flammarion, 1976.

Quand l'histoire des idées devient grandiose et produit des idées qui aident à faire l'histoire.

DE LIBÉRA (Alain), *La Philosophie médiévale*, coll. « Que sais-je ? », PUF, 1989.

Efficace. Une clef. Un fil d'Ariane.

DE LIBÉRA (Alain), *Penser au Moyen Âge*, Seuil, 1991.

Un essai stimulant. Un plaidoyer convaincant pour la pensée médiévale.

DE LIBÉRA (Alain), *La Querelle des universaux*, Seuil, 1996.

Sur l'un des plus vieux problèmes de la philosophie, une somme. Mais difficile, parce que dense.

FEBVRE (Lucien), *Martin Luther, un destin*, PUF, 1988.

Par l'un des grands spécialistes de la Renaissance. Lumineux.

GILSON (Étienne), *L'Esprit de la philosophie médiévale*, Vrin, 1969.

Par le grand maître de ce siècle de la pensée médiévale. Fondamental.

GILSON (Étienne), *La Philosophie au Moyen Âge*, Payot, 1993.

La Bible. Il ne faut pas la lire. Il faut vivre avec.

IMBACH (Ruedi) et MÉLÉARD (Maryse-Hélène), *Philosophes médiévaux*, coll. « 10-18 », 1993.

La possibilité d'avoir des textes rares qui témoignent de l'esprit médiéval. Merci aux traducteurs.

KOYRÉ (Alexandre), *Mystiques et alchimistes du XVIe siècle allemand*, Gallimard, 1971.

Un essai passionnant qui permet de comprendre ce qu'il est convenu d'appeler la pensée des alchimistes de la Renaissance.

KOYRÉ (Alexandre), *Du monde clos à l'univers infini*, Gallimard, 1973.

Comment est née la science moderne ? Par la révolution astronomique de la Renaissance. Explications. Essentiel.

LACARRIÈRE (Jacques), *Les Hommes ivres de Dieu*, coll. « Sagesses », Seuil, 1983.

Un amoureux de la Grèce parle du monachisme et explique ce qu'est l'hésychasme. Quand l'ascèse devient poème et parfum.

LINGS (Martin), *Qu'est-ce que le soufisme ?*, coll. « Sagesses », Seuil, 1977.

Un ouvrage vivant, sur un courant mystique proprement fascinant.

MASSON (Denise), *Monothéisme coranique et monothéisme biblique*, Desclée de Brouwer, 1984.

Impossible de parler du monothéisme sans cette somme. Fondamental.

MEHL (Roger), *La Théologie protestante*, coll. « Que sais-je ? », PUF, 1967.

Pour comprendre l'esprit de la Réforme. Efficace et clair.

MEYENDORFF (Jean), *Saint Grégoire Palamas et la mystique orthodoxe*, coll. « Maîtres spirituels », Seuil, 1976.

Un ouvrage remarquable et dense qui explique fort bien à travers saint Grégoire Palamas ce qui caractérise l'Église d'Orient.

MICHEL (Alain), *Théologiens et mystiques au Moyen Âge*, coll. « Folio », Gallimard, 1997.

Un excellent recueil de textes de tous les grands du Moyen Âge.

RUBEN-HAYOUN (Maurice), DE LIBÉRA (Alain), *Averroès et l'averroïsme*, coll. « Que sais-je ? », PUF, 1991.

Un livre éclairant pour comprendre ce qui fut le centre de la controverse du XIIIe siècle.

SCHOLEM (Gershom), extraits choisis et présentés par, *Le Zohar : le livre de la splendeur*, coll. « Sagesses », Seuil, 1977.

Un judicieux choix de textes qui permet de prendre contact avec le génie des grands maîtres médiévaux du commentaire de la Bible.

SCHUON (Frithjof), *Comprendre l'Islam*, coll. « Sagesses », Seuil, 1976.

Une introduction claire à l'islam profond, souvent trop ignoré.

SIBONY (Daniel), *Les Trois Monothéismes*, Seuil, 1992.

Un essai stimulant par un psychanalyste brillant.

STEINSALTZ (Adin), *Introduction au Talmud*, Albin Michel, 1987.

Un ouvrage de la même veine que le précédent. Remarquable.

STEINSALTZ (Adin), *La Rose aux treize pétales*, Albin Michel, 2002.

Par l'éditeur du Talmud à Jérusalem. Une introduction plus qu'inspirée au judaïsme. Tout simplement génial.

STRAUSS (Léo), *Maimonide*, PUF, 1988.

Un grand professeur explique pourquoi et comment le grand Maimonide a écrit. Lumineux. Capital.

VÉDRINE (Hélène), *La Conception de la Nature chez Giordano Bruno*, Vrin, 1999.

Une grande thèse de philosophie remarquable. Pas simplement passionnant, palpitant.

VON CAMPENHAUSEN (Hans), *Les Pères grecs*, Seuil, 2001.

Une très utile et très efficace introduction à la théologie des Pères de l'Église d'Orient.

VON CAMPENHAUSEN (Hans), *Les Pères latins*, Seuil, 1967.

Une très utile et très efficace introduction à la théologie des Pères de l'Église en Occident.

Textes

BOÈCE, *Consolation de la philosophie*, Rivages, 1991.

Boèce va mourir. Il se console auprès de la sagesse. Bouleversant. L'un des fleurons de la littérature universelle.

CUSE (Nicolas de), *De la docte ignorance*, Guy Trédaniel, 1979. Une œuvre géniale qui a tout changé.

DANTE, coll. « La Pléiade », Gallimard, 1965.

Est-il besoin de présenter Dante et de lui rendre ce qui lui revient en disant qu'il est immense ?

DENYS L'ARÉOPAGITE, *Œuvres complètes*, Aubier, 1990.

L'œuvre qui a « fait » le Moyen Âge. Une splendeur.

ECKART (Maître), *Traités et sermons*, Garnier-Flammarion, 1993.

La mystique. Par un grand parmi les grands qui fut fait « docteur angélique ». Un sommet.

ÉRASME (Didier), *Éloge de la folie*, Garnier-Flammarion, 1988.

Quand la sagesse se fait folie pour honorer la passion. Érasme ? C'est le plus grand des modernes. Lui, il a osé.

LA BOÉTIE (Étienne de), *Œuvres politiques*, Éditions sociales, 1971.

L'un des plus beaux appels à la liberté. Un texte fondamental.

LUTHER (Martin), *Les Grands Textes réformateurs*, Garnier-Flammarion, 1992.

Dans une langue incomparable, Luther parle de l'intériorité. Superbe.

MONTAIGNE (Michel de), *Œuvres complètes*, coll. « La Pléiade », Gallimard, 1962.

Il faut lire Montaigne. Pour la langue. Pour la vie. Pour la pensée. Inépuisable.

PIC DE LA MIRANDOLE (Jean), *Œuvres philosophiques*, PUF, 1993.

Le traité sur la dignité de l'homme est tout simplement admirable.

PROCLUS, *Le Livre des Causes*, Vrin, 1990.

Une réflexion exemplaire sur l'Un qui va marquer tout le Moyen Âge. Un diamant.

RASSAM (Joseph), *Saint Thomas, l'être et l'esprit*, PUF, 1971.

Recueil de textes choisis par Joseph Rassam. Un recueil utile et bien fait pour aborder un monument de l'esprit humain.

Table

Achevé d'imprimer sur les presses
de l'Imprimerie France Quercy
113, rue André-Breton, 46001 Cahors - France
d'après montages et gravure numériques
(Computer To Plate)
Dépôt légal : 1er trimestre 2005
Numéro d'impression : 50163a